Hans Förstl / Helwi Braunmiller

Glück, was ist das?

Hans Förstl / Helwi Braunmiller

Glück, was ist das?

HERDER

FREIBURG · BASEL · WIEN

© Verlag Herder GmbH, Freiburg im Breisgau 2009
Alle Rechte vorbehalten
www.herder.de

Umschlagmotiv: © moonrun / Fotolia

Gesamtherstellung: fgb · freiburger graphische betriebe
www.fgb.de

Gedruckt auf umweltfreundlichem, chlorfrei gebleichtem Papier
Printed in Germany

ISBN 978-3-451-29719-9

Inhalt

Einleitung

Mit Scheuklappen auf Glücksjagd

Die Frage nach dem Glück erwächst vor allem dann, wenn wir satt sind, ein Dach über dem Kopf haben, emotional gefestigt sind und uns um morgen nicht allzu viele, zumindest keine existentiellen Sorgen machen müssen. Dann erst reift der Gedanke heran: Was würde das Leben jetzt noch besser machen? Soll es das schon gewesen sein? Geht es anderen besser als mir, bin ich eigentlich zufrieden, bin ich glücklich? Aus dem Gedanken wird ein Gedankenkarussell, das zügig und kontinuierlich Fahrt aufnimmt. Vielleicht schenkt Yoga ja die Erleuchtung auf Erden? Möglicherweise liefern der Glaube und das Praktizieren einer Religion Freude? Oder stellt sich das Glück von selbst ein, wenn erst der Körper maximal getrimmt ist? Und wenn schon nicht auf diesem Wege: Kann der neue Wagen in der Garage, der schicke Flachbildschirm, das Designermöbelstück für Momente der Freude sorgen?

Glück entwickelt sich heute für viele zum höchsten Daseinsziel. Ein erfülltes Leben hat sich zum Synonym für ein glückliches Leben deklassiert, auf das sich der Fokus verengt. Und genau da fängt es auch vom psychiatrischen Blickwinkel aus an, interessant zu werden. Dazu existieren mittlerweile unzählige Studien, die in dieses Buch eingeflossen sind. Sie klären wissenschaftlich, wie sich wo, wann und welche Menschen in verschiedensten Situationen fühlen. Peter Herschbach von der Technischen Universität München beispielsweise wertete 30 Studien mit insgesamt 11 000 Teilnehmern aus. Viele davon steckten inmitten einer denkbar glücksuntauglichen Situation, zum Beispiel einer Krebserkrankung. Das Ergebnis ist überraschend: Die Kranken stuften ihre Lebensqualität – ein Hauptfaktor für ein positives Lebensgefühl – höher ein als so mancher Gesunde. Glück zeigt sich also auch da, wo es keiner vermutet.

Auf der anderen Seite bietet eine Therapie, beispielsweise eines Menschen mit Depressionen, aber echte Hilfestellung, um zu guten Gefühlen zu gelangen – das müssen noch gar keine Glücksgefühle sein. Die Gedanken Depressiver kreisen den ganzen Tag – und meist auch durchwachte Nächte lang – um immer die gleichen Themen und Fragen. Depressive Menschen sind gefangen in einer Welt von Zweifeln und einer zunehmenden Niedergeschlagenheit. Studien haben gezeigt: Therapien, die die Ursache des Übels aufzuspüren versuchen, sind oft gerade für krankhaft Schwermütige – zumindest anfangs – kontraproduktiv. Denn wenn sie sich über das ohnehin schon hohe Maß hinaus immer weiter mit ihrer Krise beschäftigen, verharren sie nicht nur in ihr, sie geraten sogar immer tiefer in den Sog der negativen Gefühle. Dieser Strudel erhöht die Selbstmordgefahr erheblich.

Aus gutem Grund setzen Therapien heute deswegen anders an. Wenn möglich, sollen Medikamente zunächst einmal eine ausgewogene emotionale Ausgangslage wiederherstellen. Oder aber Patienten sollen Strategien erlernen, wie sie ihre Krisen am besten und unbeschadet überstehen, bevor sie sich, viel später und in stabiler Grundstimmung, auf die Spurensuche nach den möglichen Auslösern in ihrer Vorgeschichte begeben. Beschäftigungstherapien wiederum ermöglichen eine gestalterische Auseinandersetzung mit der Erkrankung, sozusagen über einen Umweg – Ablenkung und Tätigkeit.

Zu viel des Glücks

Ähnlich, wenn auch in die andere Richtung, verhält es sich mit der Glückssuche. Und ähnlich, wenn auch mit weniger klinischen Zügen, verhält es sich mit diesem Buch. Es versucht darzulegen, dass es sinnvoll ist, sich einmal keine Sorgen um das Glück zu machen und das Glücksgefühl in die richtige Relation zu setzen, dorthin, wo es hingehört: gleichwertig neben den vielen anderen Emotionen, zu denen der Mensch fähig ist. Denn die Natur hat sich bei den langen Abwesenheitsphasen des Glücks durchaus etwas gedacht. Sie sind gesund, normal und zumindest evolutionär gesehen über lange Strecken lebenswichtig gewesen. Nur wer die Abwesenheit des Hochgefühls nicht betrauert, hat eine Chance, ihm zu begegnen. Aus dem Gefühl, dass etwas fehlt, erwächst ganz sicher nie der herbeigesehnte gute Moment. Wer die Absenz von etwas beklagt, wird sich kaum im gleichen Atemzug als glücklich bezeichnen.

Zwar kommen Menschen mit akuten, krankhaften „Glückssuche-Symptomen" selten auf die Stationen einer psychiatrischen Klinik, lässt man Abhängige einmal außen vor, die ja häufig auch ihren Kick, ihren kurzen Glücksmoment suchen, bis die Suchtfalle zuschnappt. Den Glückstaumel als Begleitsymptom psychischer Erkrankungen gibt es aber durchaus. Diese Erkrankungen wiederum belegen, warum ein dauerhaftes Glücksgefühl nicht so erstrebenswert ist, wie der erste Blick glauben macht. Medikamente könnten das Gefühl forcieren, aber auch das ist nicht wirklich erwünscht.

Ein anschauliches, wenn auch im Ausgang so nicht geplantes Experiment dazu wagte in den 60er Jahren der amerikanische Neurologe Oliver Sacks, heute weithin bekannt für seine populärmedizinischen Bücher.

Absage an die Glückspille

Damals behandelte der junge Arzt einen 46-jährigen Patienten, der schwer unter den Folgen einer Gehirnentzündung litt: Die Krankheit hatte ihn gelähmt und stumm gemacht. Untersuchungen zeigten, dass die Entzündung genau den Teil seines Gehirns angegriffen hatte, der für die Produktion des Glücksbotenstoffs Dopamin zuständig ist. Um dieses Hormondefizit auszugleichen, verabreichte Sacks dem Mann L-Dopa. L-Dopa ist eine Vorstufe von Dopamin und kommt deswegen zum Einsatz, weil Dopamin selbst die Blut-Hirn-Schranke nicht überwinden kann. Diese Barriere zwischen dem zentralen Nervensystem und dem Blutkreislauf schützt das Gehirn vor Giften und Krankheitserregern.

Für Dr. Sacks und seinen Patienten jedenfalls schien sich ein Wunder zu vollziehen: Zwei Wochen später konnte der Patient wieder gehen, ihn erfasste eine Welle der Eu-

10

phorie. Doch schon nach einer weiteren Woche begann das ursprünglich schöne Gefühl zu kippen. Die Lust am wieder gewonnenen Leben entwickelte sich zur Gier, Neugier zu einer ständigen Sehnsucht nach etwas Unbekanntem, Unternehmungsfreude zur Raserei. Schließlich versuchte der Patient, sich selbst mit einem Kissen zu ersticken, nachdem er für seine Betreuer zur Belastung geworden war – er hatte Krankenschwestern sexuell belästigt und auch sonst seinen Mitmenschen – und nicht zuletzt sich selbst – das Leben schwer gemacht. Dr. Sacks blieb daraufhin nichts anderes übrig, als das Wundermittel wieder abzusetzen. Der Patient fiel in seine Starre zurück. Auch weitere Versuche scheiterten. Schließlich verstarb der Mann in seinem „versteinerten" Ausgangszustand. Das Glück als bleibender Zustand war also weder möglich noch erträglich, das Experiment gelang nur für eine kurze Zeit. Ein Dauerhoch verkraftet das Gehirn nicht, aus verschiedenen Gründen – dazu später mehr.

Glückszustände können also durchaus übermäßige Züge annehmen. Der britische Psychologe Richard Bentall ging noch einen Schritt weiter als Mark Twain im Eingangszitat. Während Twain meint, geistige Gesundheit und Glücksgefühle passten nicht zusammen, legte Bentall nahe, Glücklichsein sogar als psychische Erkrankung aufzufassen. Als Bezeichnung schlug er „major affective disorder, pleasant type" vor – also eine „starke emotionale Störung vom angenehmen Typus". Das Gefühl sei nämlich statistisch betrachtet alles andere als normal und bestehe aus einer bestimmten Kombination von Symptomen und einer Reihe intellektueller Veränderungen, die eine abnorme Hirnfunktion verrieten. Zwar, soviel gestand Bentall immerhin zu, werde das Gefühl von der Allgemeinheit nicht

als negativ bewertet und schon gar nicht als Leiden einge-
stuft. Für den wissenschaftlichen Blickwinkel sei das aber
völlig irrelevant.

Egal aus welcher Richtung man sich annähert: Glück ist
zunächst einmal nicht mehr und nicht weniger als ein Aus-
nahmezustand. Einer, der plötzlich ins Zentrum des allgemeinen Interesses gerückt und zum Anspruch des modernen Menschen geworden ist.

1. Glück, das Trendgefühl

Glücksrezepte gibt es wahrscheinlich so viele, wie es Menschen gibt. Jean-Jacques Rousseau sagt, Glück besteht in einem „soliden Bankkonto, einer guten Köchin und einer tadellosen Verdauung". Für Ernest Hemingway ist Glück „eine gute Gesundheit und ein schlechtes Gedächtnis". Und Sigmund Freud, ganz kritisch, wiegelt ab: „Glück ist im Plan der Schöpfung nicht enthalten." Ebenso skeptisch ist der Psychiater Viktor Frankl, der davon ausgeht, dass Glück sich weder planen noch intendieren lässt. Je mehr wir versuchen, es zu erreichen, desto weniger klappt es, so seine düstere Erkenntnis.

Frankls Theorie findet offenbar aktuell nur wenige Anhänger. Dafür sprechen Regale voller Ratgeberliteratur zum Thema Glück. Das eine Buch rät zur Beziehungspflege, das andere legt fernöstliche Weisheiten ans Herz, das dritte vermittelt Erfolgstrategien zum richtigen Gefühlsmanagement. Über 8000 Treffer ergibt die Literatursuche unter dem Schlagwort „Glück" in der deutschen Ausgabe des Online-Bücherversands Amazon. Die gleiche Suche unter dem Stichwort „happiness" liefert bei der amerikanischen Version über 274 000 Ergebnisse. Keiner forscht so am und um das schöne Gefühl wie amerikanische Wissenschaftler – egal, ob Psychologen, Ökonomen, Psychiater, Neurologen oder Soziologen.

Die Ballung angloamerikanischer Literatur zum Thema hat historische Gründe. Der Anspruch auf Glück wurzelt tief in der amerikanischen Seele. Thomas Jefferson nahm im

18. Jahrhundert in die amerikanische Unabhängigkeitserklärung den Punkt „Life, Liberty and the Pursuit of Happiness" mit auf – also das Recht eines jeden auf Leben, Freiheit und das Streben nach Glück. In einem Land, in dem es „self made men" vom Tellerwäscher zum Millionär bringen können, jeder also seines eigenen Glückes Schmied sein kann und wo dieses amerikanische Ideal oft beschworen wird, liegt es nahe, sich auf das Glück als Lebensziel zu versteifen. Denn jedem steht es offen, er muss nur wollen und sein Ziel strebsam verfolgen. Auf der anderen Seite ist in wenigen anderen Ländern der Gang zum Psychologen oder das Schlucken stabilisierender oder aufhellender Pillen so populär wie im Land der unbegrenzten Möglichkeiten. Und das vor allem unter denen, die dem Glück eigentlich nahe sein sollten, also jene, die es vielleicht (noch) nicht unbedingt zum Millionär gebracht haben, aber die auch keine Teller mehr waschen müssen, um über die Runden zu kommen.

Und so folgt auf eine Glücksstudie die nächste. Wir wissen, wo scheinbar die glücklichsten Menschen leben, dass Nonnen zufriedener sind als Mütter. Oder dass 21 000 Euro pro Monat den negativen Gefühlseffekt des Tods des Gatten für Witwen relativieren, wie der Ökonom Andrew Oswald ausgerechnet hat. Die Jagd auf das begehrte Gefühl ist in vollem Gange. Der Philosoph und Autor Wilhelm Schmidt geht sogar so weit, von Glückshysterie zu sprechen.

Die Qual der Wahl

Der moderne Mensch gerät schnell in den Sog, den diese gesellschaftliche Suche auslöst – ohne einmal innezuhalten und sich den Sinn und Zweck dieser Jagd vor Augen zu halten. Wie kommt es, dass gerade das Glück heute so begehrt ist? Haben wir eine Vorstellung davon, wie es sein wird, wenn wir es gefunden haben? Und Hand aufs Herz: Wie realistisch schätzen wir bei genauerer Betrachtung diese Vorstellung wirklich ein? Denn der Mensch ist bei all seinen beeindruckenden Talenten und Fähigkeiten wenig begabt, selbst abzuwägen, was ihn glücklich macht. Er stützt sich dabei auf Erfahrungen oder Erwartungen. Ihm fehlt die hellseherische Gabe: Um abzuschätzen, wie sehr uns etwas in der Zukunft befriedigt, müssten wir mit einberechnen, welche Vergleiche wir in der Zukunft anstellen werden – nicht, wie etwas im aktuellen Vergleich abschneidet. Ein prophetisches Unterfangen, das die menschlichen Möglichkeiten übersteigt.

Da hilft nur der Testlauf. Nie standen den Menschen so viele Möglichkeiten zur Wahl wie heute. Doch die Fülle kann erschlagen. Es ist wissenschaftlich belegt, dass Menschen glücklicher sind, wenn ihnen nicht hundert verschiedene Optionen offen stehen. In einer Untersuchung wurde deutlich, dass jemand, der beispielsweise nach einem Kauf keinen Rückzieher mehr machen kann, meist zufriedener ist als jemand, dem diese Option offen steht.

Doch das ist in den meisten Fällen möglich. Dem heutigen (westlichen) Menschen bleibt die Qual der Wahl: Hat er das Richtige studiert? Den passenden Beruf gewählt, sich zum richtigen Zeitpunkt für den richtigen Partner entschieden? Welche Hobbys könnten ihm am meisten Spaß machen, und welches Produkt der unüberschaubar üppigen Konsumwelt ist das geeignetste? Darüber hinaus geben nicht einmal mehr feste Werte eine Grobstruktur für das Leben vor. Heiraten, Haus, Kinder – am besten in dieser Reihenfolge – sind längst keine gesellschaftliche Verpflichtung mehr. Beobachtungen an Gesellschaften zeigen: Je stärker Wertstrukturen zerfallen, desto mehr nehmen die Orientierungslosigkeit und Unsicherheit zu, und desto intensiver suchen die Menschen nach Glück – schließlich liegt es ja in ihrer Hand. An der renommierten Harvard-Universität gibt es inzwischen „Happiness"-Seminare, eine Mischung aus Theorie und Praxis zum Verständnis eines großen Gefühls.

Auch nach Deutschland ist dieser Trend geschwappt. Eine Heidelberger Schule beispielsweise bietet Glück als Unterrichtsfach an. Dem Modell liegt die Idee zugrunde: Wenn jeder sein Leben selbst in der Hand hat, dann muss es auch möglich sein, sich das Handwerkszeug zum Glücklichsein anzueignen. Zur eventuellen Erfolgsquote solcher Schulungen liegen noch keine Angaben vor, aber die Willy-Hellpach-Schule ist zu einem Eldorado für Glücksforscher avanciert. Offenbar hat sich der Schuldirektor zuvor eingehend mit Glücksstudien beschäftigt, denn Bestandteil des Unterrichts sind: gesunde Ernährung, Theaterspielen, Entspannung, Philosophie, Kunst, zwischenmenschliche Fragen – im Mittelpunkt steht die Gemeinschaft, soziale Werte, Wahrnehmung des eigenen Selbst und Anerkennung der Eigenheiten anderer. Dazu ist ein im Spektrum deutlich erweitertes Personal erforderlich: Pädagogen, Handwerker, Motivationstrainer und Erfolgscoachs unterstützen die Glücksschüler. Wenn Sie bis zum Ende des zweiten Kapitels vorgedrungen sind, werden Ihnen diese Punkte bekannt vorkommen. Immerhin bescheinigen begleitende Forscher dem Projekt: „Das Fach trägt zur Persönlichkeits- und Identitätsstärkung bei."

Glück: Eine echte Philosophie

Der Mensch versucht also, dem Glück auf die Schliche zu kommen und den Blick zu schärfen für seine möglichen Verstecke. Das war schon immer so und wird wohl auch so bleiben. Aus Fehlern wird man klug – heißt es. Wie kann es dann sein, dass sich Menschen seit Jahrtausenden Gedanken zum schönen Gefühl machen, und dennoch auf der Suche nach einem eindeutigen Glückskonzept auch heute in den meisten Fällen nicht viel mehr ernten als ein ratloses Schulterzucken? Was also haben sich die schlauen Vordenker überlegt, was offenbar so richtig nicht fruchten konnte unter den Menschen?

Schon in grauer Vorzeit machten sich vor allem diejenigen Gedanken zum Glück, die es sich im wahrsten Sinne des Wortes leisten konnten. Die Philosophen litten allesamt nicht Not genug, um schon mit der Beschaffung des Lebensnotwendigen ausgelastet zu sein. Darin zumindest sind sie schon einmal heutigen Glückssuchenden ähnlich. Also widmeten sie sich der Sinnfrage des Lebens – und ähnlich, wie das auch heute der Fall ist, kamen dabei verschiedene Köpfe zu ganz unterschiedlichen Ergebnissen.

Allein bis 500 v. Chr. hatten Philosophen bereits drei „Konzepte" zum Glück entwickelt – und zwar in dem Teil der Erde, der anderen zu dieser Zeit kulturell weit voraus war. Chinesische und indische Denker hinterließen der Nachwelt beachtenswerte Ansätze – maßgeblich den Konfuzianismus, den Buddhismus und den Taoismus.

Der Konfuzianismus

Wer ständig glücklich sein möchte,
muss sich oft verändern.

Konfuzius

Im Konfuzianismus kreist der Kosmos um die Gemeinschaft, in der jedes Mitglied einen speziellen Platz einnimmt. Entsprechend diesem Platz verhält es sich auch, denn jeder erfüllt eine ganz bestimmte Aufgabe innerhalb einer Gruppe oder Gesellschaft. Glücklich sein, so die Annahme, könne ein Mensch nur, wenn er sich um andere kümmere und tugendhaft lebe. Insofern spielen Freundschaft, Familie, Verantwortung, Pflichten und Toleranz auch eine besondere Rolle. All das ist nicht im Stillstand möglich: Nur wer beständig lernt, sich mit anderen auseinandersetzt und sich selbst reflektiert, hat die Aussicht auf ein schönes Dasein.

Der Konfuzianismus ist ein Kind seiner Zeit: Als Konfuzius lebte, war China eine Agrargesellschaft. Die Menschen pflegten enge Dorfgemeinschaften. Dass die Ideen des Philosophen so rege Anteilnahme fanden, ergab sich in einer Zeit, als sich das chinesische Reich im Umbruch befand.

Das gemeinschaftliche Leben prägte Konfuzius Weltsicht. Für den von seinem Großvater unterrichteten Mann war es um des Gemeinwohls willen das Wichtigste, der Welt mit Güte und Freundlichkeit zu begegnen. Der Fokus war ganz klar auf die Gemeinschaft gerichtet. Diese milde Haltung funktionierte nur mit einem hohen Maß an Rationalismus und Optimismus. Jeder war dabei in diesem Rahmen für sein eigenes Glück verantwortlich. Wenn er seine

Talente, seine Energie und seine Anstrengungen auf sein Ziel (idealerweise zum Wohl der Gruppe) richtet, wird er es laut Konfuzius auch erreichen.

Der Taoismus

Der Mensch folgt der Erde.
Die Erde folgt dem Himmel.
Der Himmel folgt dem Tao.
Das Tao folgt sich selbst.

Laotse

Im Taoismus dagegen steht der Einzelne im Zentrum des Interesses. Wann genau die chinesische Religion entstanden ist, ist schwer zu datieren, denn im Taoismus verschmelzen die Lehre von Ying und Yang, die Lehre von der Energie „Qi", die Techniken des Qigong und der Meditation, aber auch die Alchemie. Dennoch: Als der Begründer gilt der Philosoph Laotse, über den – außer dass er wahrscheinlich im sechsten Jahrhundert v. Chr. lebte – wenig bekannt ist.

Im Taoismus geht es weniger um die Frage, was der Gemeinschaft gut tut, als vielmehr darum, eine ausgewogene Mischung aus den eigenen Ansprüchen und denen der Umwelt zu finden.

Der Ansatz ist mystischer, als er auf den ersten Blick scheint. Die Idee dahinter ist die einer allmächtigen Natur. Sich ihr zu widersetzen, muss unwillkürlich unglücklich machen, also ist es das Beste, gar nicht erst gegen „Tao" anzukämpfen. Denn Glück ist nichts, was man sich erarbeiten könnte. Es kommt einfach auf den Menschen zu, wenn er sich nicht mehr sträubt und nicht mehr kämpft, sondern den Dingen seinen Lauf lässt.

Der Buddhismus

> *Allein sitzend, allein ruhend, allein umher-*
> *gehend, frei von Trägheit; wer tiefe Einsicht*
> *in die Wurzeln des Leidens hat, genießt*
> *großen Frieden, wenn er in Einsamkeit weilt.*
>
> Siddharta Gautama

Eigenartigerweise ist keine Weltsicht so schwer auf westliche Denkweisen zu übertragen wie der Buddhismus – und gerade der steht augenblicklich hoch im Kurs. Im Buddhismus geht es vor allem um das Leiden. Die Welt ist immer im Fluss, die Botschaften, die wir von anderen empfangen, sind reine Illusion, und niemandem kann es gelingen, dauerhaft Leiden zu umschiffen. Die Wucht des Leidens kann man nur lindern, indem man sich selbst nicht mehr im Zentrum des eigenen Lebens betrachtet. Also ist die logische Folge: Man tritt einfach neben den Lauf der Dinge, aus dem Kreislauf von geboren werden und sterben heraus, und befreit so seine Seele. Das geschieht durch Meditation und schließlich durch spirituelle Erleuchtung.

Für den heutigen Menschen ist dieser Weg schwierig. Denn in der Regel will er am Leben teilhaben, er fühlt sich gut, wenn er aktiv ist und gebraucht wird, wenn er mit anderen zusammen ist und Spaß hat. Das Leben als ewigen Leidensweg zu begreifen, kann eher befremden und die Lebensfreude schmälern. Der komplette Rückzug aus dem Leben – er funktioniert kaum.

Der Epikureismus

Fürchte nicht die Götter.
Sorge dich nicht um den Tod.
Gutes ist leicht zu bekommen.
Schlechtes ist einfach zu verhindern.

Epikur

Immerhin: Epikur legte diese Vier-Punkte-Liste vor und war damit wesentlich überschaubarer in seinen Ratschlägen als viele seiner Kollegen. Für den griechischen Philosophen ist allein die Abwesenheit von Schmerz genug. Alles, was wir dann noch zu tun haben, ist, unsere Bedürfnisse auf eine vernünftige Art und Weise zu befriedigen, so dass wir uns nicht zu sehr in sinnliche Begierden verstricken. Wenn sich dennoch ein Schmerz einstellt, sollte man ihn nicht zu schwer nehmen. Denn ein chronisches Leiden ist niemals so heftig wie ein akuter Schmerz und dadurch auszuhalten. Ein akuter Schmerz dagegen dauert nicht ewig an. Als Epikur lebte, also zwischen 341 und 271 vor Christus, blühte die philosophische Landschaft in Griechenland. Zu dieser Zeit fand ein sozialer und politischer Umbruch statt, verschiedene Kulturen vermischten sich und die Stadtstaaten verloren an Einfluss. Im Prinzip ist seine Philosophie, sein Lebenskonzept: Wie entgehe ich am besten der politisch schwierigen Lage, den Kriegen und den anderen Querelen?

Will man diesen Ärgernissen nicht zum Opfer fallen, bleibt nur ein Ausweg: Man tut alles dafür, sich so gut wie möglich zu fühlen. Der Genuss und das Vergnügen sind der Antrieb für alle Taten. Dazu darf man den Tod nicht fürchten und die Götter auch nicht, denn sie hindern den Menschen an der Erfüllung seines Lebenssinns. Epikur geht dabei recht pragmatisch vor: Der Tod ist weder für die Lebenden noch für die Toten besonders wichtig. Denn die Lebenden leben ja weiter und die Toten existieren nicht mehr. Also ist es am sinnvollsten, das Dasein zu genießen, so lange es währt.

Schopenhauer, der Schmerzensreiche

Das Glück gehört denen, die sich selbst genügen. Denn alle äußeren Quellen des Glückes und Genusses sind, ihrer Natur nach, höchst unsicher, misslich, vergänglich und dem Zufall unterworfen.

Arthur Schopenhauer

Im 19. Jahrhundert sticht ein Philosoph besonders deutlich hervor. Die Rede ist von Arthur Schopenhauer, der zwischen 1788 und 1860 lebte und seiner Nachwelt in seinen Werken kein besonders glückliches Weltbild hinterließ. Er ging vorsichtig vor und meinte, der Mensch könne schon froh sein, wenn er keine Schmerzen leide – darin gleicht er Epikur. Doch dann verfolgt er einen ganz anderen Ansatz. Seiner Ansicht nach sei es das Sicherste, vorsichtshalber nicht allzu viel vom Leben zu erwarten und sich mit möglichst wenig zufrieden zu geben. Besser, man langweile sich, als man hoffe auf zuviel Ereignisreiches. So sei es als positives Zeichen zu werten, wenn Klagen eher trivial seien.

Schopenhauer ist nur unter Berücksichtigung seiner eigenen, schwierigen Persönlichkeit zu verstehen. In seiner Philosophie drückt sich weniger eine Reaktion auf gesellschaftliche Umstände aus, als vielmehr seine eigenen Probleme damit, seinen Platz in der Welt zu finden. Zwar gehörte er zur

Elite, arbeitete an Universitäten, aber seiner Ansicht nach bekamen seine Ideen nie die Aufmerksamkeit, die ihnen zugestanden hätte. Auch sein Sozialleben und seine Beziehungen standen unter keinem wirklich guten Stern. Der Lokaldichter Friedrich Stoltze machte sich sogar in einem Gedicht über den eigenbrötlerischen Sonderling lustig, wie er mit seinem Pudel spazieren gehend in Selbstgespräche verstrickt sei.

Was liegt da näher, als einen Ansatz zu entwickeln, der es ihm ermöglicht, sein eigenes, wenig zufriedenstellendes Leben als glücklich zu definieren? Also entwickelte er eine Philosophie, aus der er die Erkenntnis zog, dass er nichts Bedeutsames im Leben verpasst habe – erst recht nicht, weil er weder sein Berufs- noch sein Privatleben als sonderlich geglückt ansah.

Für Schopenhauer sind die Ziele des Menschen klar: Er wird von starken Bedürfnissen getrieben – nach Sex, Nahrung, Geld und Gesellschaft. Diese Bedürfnisse können aber niemals wirklich erfüllt werden. Was bleibt, ist nichts als Schmerz und Leid. Selbst das, was gelingt, wird irgendwann langweilig. Das Leben an sich ist also schlecht – man kann lediglich versuchen, das Beste daraus zu machen. Und das ist in Schopenhauers Welt nur möglich, indem man entweder zum Künstler wird oder zum Asketen, der die Bedürfnisse unterdrückt.

Die Philosophie des New Age

New Age, das neue Zeitalter: Das schmeckt nach Hippies, Selbstfindung und Esoterik. Besonders viele Anhänger fand dieser Ansatz im letzten Drittel des 20. Jahrhunderts, mittlerweile aber kann er sich nicht mehr so stark durchsetzen.

Die Vorschläge, die die New-Age-Bewegung für ein glückliches Leben macht, sind sehr verschieden. Immer wieder finden sich jedoch die Hinweise, auf das eigene Bauchgefühl zu hören und sich weniger auf die Tipps vermeintlicher Experten zu verlassen. Unbedingt zum Glück gehören außerdem Familie, Freunde und Partner. Darüber hinaus führen auch Meditation, positives Denken und ein selbstbestimmtes Leben zum Glück. Dazu braucht es nicht viel Pomp. Eher ans Ziel kommt der, der einfach und gesund lebt.

Unter welchen Vorzeichen entstand das New Age? Die Welt, jedenfalls die westliche, entwickelte sich zunehmend zu einer Gesellschaft aus Einzelgängern, denen alle Möglichkeiten offen stehen. Dieser Individualismus macht die Menschen nach Meinung des New Age hart und rationalistisch. Dem setzen sie Empfindsamkeit und mystische Ideen entgegen.

Damit liegt das Gelingen eines glücklichen Lebens in jedermanns eigener Hand. Eine gestärkte Persönlichkeit, verbesserte Beziehungen und ein guter Umgang mit Stress führen direkt zum Glück.

Der Weisheit letzter Schluss

Philosophie in allen Ehren – aber sie ist doch einfach weit vom Leben weg: Bis zu einem gewissen Grad stimmt das. Dennoch finden sich bestimmt auch ein paar Hobby-Philosophen in Ihrem Bekanntenkreis, denen wahrscheinlich nicht einmal bewusst ist, auf wessen Pfaden sie wandeln. Kennen Sie nicht wenigstens einen Schopenhauer, der hin und wieder mit den Schultern zuckend seufzt: „Man muss ja froh sein, dass es langsam wieder besser geht." Oder

24

eine New-Age-Anhängerin, die durch Esoterik den Weg zu ihrem inneren Gleichgewicht sucht. Ganz so weit weg vom Leben sind die Ansätze der philosophischen Vordenker also nicht. Im großen Stil zum Glück verholfen haben sie aber nicht.

Gibt es einen Maßstab für das Urteil über Sinn und Unsinn der Ratschläge anderer? Die Antwort ist ganz klar: nein. Aber es gibt mittlerweile einige wissenschaftliche Untersuchungen, die einen relativ guten Einblick darüber geben, was eher zu einem guten Lebensgefühl (von Glück noch gar nicht unbedingt zu sprechen) führt, und was nicht. Ausnahmen bestätigen wie immer die Regel.

Beispiel Buddhismus: Der Buddhismus baut nicht so sehr auf enge soziale Bindungen – er zielt eher darauf ab, sich aus solcherlei Abhängigkeiten zu lösen, eben um sich vom Lauf der Dinge zu befreien. Der Konfuzianismus betont dagegen die Unterordnung in die Gruppe besonders – vielleicht ein wenig zu sehr für einen eigenen Lebensweg. Der Taoismus schlägt vor, sich ganz an der Natur zu orientieren, statt sich gesellschaftlichen Zwängen unterzuordnen, wodurch der Individualismus zu kurz kommt – und so weiter.

Vielleicht kommt Epikur dem aktuellen Anspruch an ein glückliches Leben am nächsten. Er bestätigt die Bedeutsamkeit intimer Beziehungen, die einen höheren Stellenwert haben als materielle Errungenschaften. Er rät, sich zu mäßigen und es mit der Genusssucht nicht zu übertreiben und sich verschiedene Wege zu suchen, Freude zu empfinden. Das alles entspricht im Großen und Ganzen den Erkenntnissen der modernen Glücksforschung. Allerdings: Er versucht so sehr, möglicherweise Unangenehmes zu umgehen, dass er dabei schon wieder in die Passivität abrutscht.

Das verlorene Paradies:
Orientierung im Diesseits

Eine weitere Option einer Lebensberatung jenseits philosophischer Strömungen bieten Religionen, beispielsweise die christliche. Doch sie hat über die Jahrtausende hinweg einen wichtigen Punkt eingebüßt. In der Epoche der Aufklärung liegt der Beginn allen Übels, meinen Historiker. Denn damals ging der westlichen Menschheit etwas verloren, was bis dato der Lichtstreifen am Horizont unserer zuweilen arg geplagten Vorfahren war.

Im Mittelalter beispielsweise war dem Großteil der damaligen Bevölkerung nicht viel Glück auf Erden vergönnt. Sie hatte wahrscheinlich wenig Zeit und Gelegenheit, sich um die Ausgeglichenheit ihres Gefühlskontos Gedanken zu machen, ging es für viele doch ums blanke Überleben. Doch für die Menschen war das kein Grund aufzugeben. Denn sie hatten in ihrer unwirtlichen, ungerechten, oft grausamen Welt ein höheres Ziel vor Augen: Die Plackerei zu Lebzeiten war nur die Bewährungsprobe für das Paradies, das sie – sozusagen als Belohnung – nach dem Tod erwartete. Die Theologie des Mittelalters geht davon aus, dass die Glückseligkeit allein in Gott liegt – unser „Glück" stammt vom mittelhochdeutschen Wort „Gelücke" ab, im Sinne von gelingen oder erreichen. Mit unserem heutigen Wortverständnis des Glücks hat das wenig zu tun.

Dem aufgeklärten, modernen Menschen ist diese Zuversicht verloren gegangen. Was er erreichen will, muss ihm im Leben gelingen. Denn das Leben nach dem Tod ist für viele nur noch eine vage Metapher, ein ziemlich

unmöglich erscheinender Ausblick – und eher das Tüp-
felchen auf dem „i“ eines erfüllten, glücklichen Lebens
als die Belohnung für Kümmernisse und Entbehrungen.
Heute erscheint das irdische Leiden sinnlos, früher war
es die Eintrittskarte ins Paradies. Es bleibt nur das Jetzt
und Hier – ein möglicher Grund, warum heute persönliche Tiefs viele in tiefe Krisen stürzen. Der Philosoph
Georg Lukács hat dieses Gefühl der Perspektivlosigkeit
treffend mit „transzendentaler Obdachlosigkeit“ zusammengefasst.

Erst als es im 18. und 19. Jahrhundert langsam bergauf
ging mit den Lebensbedingungen, rückte das irdische
Glück ins öffentliche Interesse, allerdings eher für das
ganze Volk als für die Einzelperson. Erst im 20. Jahrhundert stand das Individuum für sich allein. Spätestens fürs
21. Jahrhundert erwächst zunehmend der Eindruck: Es
steht allein und verlassen. Und so erstaunt es nicht, dass
nach einer jahrzehntelangen Abkehr von der Kirche Menschen in den USA, von wo derlei Entwicklungen gerne
ausgehen, wieder in deren Schoß zurückkehren. Für den
europäischen Geschmack mit durchaus bizarren Aus-
wüchsen: Der amerikanische Milliardär Tom Monaghan
beispielsweise hat längst entdeckt, dass sich auch mit
dem Glauben gutes Geld verdienen lässt. Unter dem
Kennwort „Ave Maria“ vertreibt er mittlerweile Versiche-
rungen oder Kosmetikserien aus dem heiligem Wasser des
Jordans. In die Sümpfe Floridas lässt er „Ave Maria“, ein
Ghetto der Glückseligkeit, stampfen – inklusive Universität. 30 000 Menschen sollen hier einmal leben. Entsprechend den Errungenschaften des neuen Jahrtausends
trifft sich die virtuelle Glaubensgemeinschaft unter „Jesus
2.0“ im Internet.

Auch andernorts boomen die sogenannten Mega-Churches: Die Messen der Neuzeit füllen zumindest in den USA Stadien mit mehreren 10 000 Schäfchen pro Woche. Hierzulande steht ein solcher Boom noch aus. Doch eine wachsende Anzahl an Menschen sucht Erfüllung in anderen, exotischeren spirituellen Gemeinschaften. Der westliche Buddhismus beispielsweise scheint seinen Anhängern wieder Gottvertrauen in den Lauf der Dinge zurückzugeben.

Eine Untersuchung der Temple University beispielsweise zeigte, dass Religiosität die Angst senkt. Frauen, die aufhörten, aktiv ihren Glauben zu praktizieren, litten dreimal so häufig an Angststörungen und Alkoholsucht wie aktive Kirchgängerinnen. Das liegt möglicherweise aber nicht nur am Glauben, sondern auch am gefestigten sozialen Umfeld. Denn bei Männern zeigte sich der Unterschied nicht so eklatant. Möglicherweise pflegen sie auch innerhalb der Gemeinde zwischenmenschliche Kontakte nicht so stark und empfinden deshalb ein Leben ohne die Kirchengemeinschaft weniger als sozial verarmt.

Auch Pfarrer scheinen von diesem besonderen Umfeld zu profitieren: Sie sind der glücklichste Berufsstand, besagt zumindest eine Studie der University of Chicago unter mehr als 27 000 Frauen und Männern verschiedenster Berufsgruppen. Diejenigen Befragten zeigten sich am zufriedensten, die in ihrem Beruf anderen Menschen helfen oder sie pflegen. Auch lehrende oder kreative Tätigkeiten nahmen einen hohen Rang ein. So gaben neun von zehn Geistlichen an, mit ihrem Beruf zufrieden zu sein. Unter den Feuerwehrleuten waren es immerhin vier von fünf. Unzufrieden äußerte sich dagegen fast jeder zweite ungelernte Arbeiter, ein Viertel der Dachdecker und gut jeder zehnte KFZ-Mechaniker.

Fundamentalismus als Glücksgarant

Eine weitere Untersuchung unter Gläubigen belegte: Je fundamentalistischer eine Religion ist, desto optimistischer sind ihre Anhänger. Das trifft demnach auch auf strenggläubige Christen und Muslime zu.

Auch orthodoxe Juden sind deutlich zuversichtlicher als reformierte. Der Knackpunkt: Je strenger und je klarer die Regeln, desto weniger müssen sich die Gläubigen mit Wahlmöglichkeiten herumschlagen. Es scheint durchaus angenehm zu sein, einen großen Teil der Verantwortung für das eigene Leben Gott zu übertragen und im Zweifel auf das Paradies zu bauen. Muslime vertrauen ebenfalls auf das Glück im Jenseits. Der Tag des jüngsten Gerichts heißt deswegen auch – neben anderen Bezeichnungen – yaum al-sa'âda, Tag des Glücks. Vielleicht ist es diese Aussicht und das Gefühl, eine Vorsehung zu erfüllen, warum Gläubige stressresistenter sind und über negative Erlebnisse besser hinwegkommen als Nichtgläubige, glaubt man einer Erhebung unter Tausenden von Europäern.

Wie groß das Bedürfnis nach religiöser Führung ist, zeigt das Beispiel Ägypten: Hier findet nach einer liberalen Phase eine Rückkehr oder gar eine Neubesinnung auf strikte religiöse Lebensformen statt. In der Hauptstadt Kairo prägte in den letzten Jahren ein zunehmend westliches Straßenbild die Stadt – vor allem, was Frauen und deren Kleidungsstil anbelangt. Doch nun fügt sich in dieses Bild eine Erscheinung, die es so in Ägypten gar nie gab: Immer häufiger sieht man den „Niqab", den Schleier, der lediglich einen Schlitz für die Augen frei lässt. Traditionell verhüllten sich ägyptische Musliminnen aber lediglich durch ein Kopftuch. Heute sehen das viele Mädchen strenger als ihre Mütter. Es ist dort keine Seltenheit, dass eine vollständig verhüllte junge Frau ihre lediglich ein Kopftuch tragende Mutter begleitet.

Verantwortlich dafür ist kein gesellschaftlicher Zwang – jedenfalls keiner, der politisch verankert wäre. Vielleicht ist auch hier das Bedürfnis nach klaren Regeln und Richtlinien für ein unter religiösen Aspekten untadeliges Leben, und entsprechend für die Aufnahme ins Paradies, groß. Die zunehmende Zahl religiöser Fernsehsender spricht dafür. Experten legen darin den Koran aus und geben dem geneigten Zuschauer somit deutliche Handlungsempfehlungen. Klare Regeln entlasten – selbst wenn sie in vielen anderen Punkten unfrei machen.

Zeit für Egopflege:
Glück im Wandel der Gesellschaft

Mit dem Verlust des Ausblicks auf das schöne, wohlverdiente paradiesische Leben nach dem Tod ist die Glückssuche irdischer geworden – denn irgendwo muss es ja liegen, das gute Gefühl. Vielleicht begann dieser Prozess wirklich mit der Aufklärung, die den Menschen seiner religiösen Perspektive beraubte. Sie verlangte von ihm ein gestiegenes Maß an Eigenverantwortung. Das heißt auch: Endlich war ein armseliges Leben nicht mehr Schicksal. Vielmehr war jetzt eine soziale Mobilität möglich. Mit Fleiß und Geschick stand nun der gesellschaftliche Aufstieg prinzipiell jedem offen. Jetzt galt derjenige etwas, der es zu Vermögen gebracht hatte – unabhängig von seiner sozialen Herkunft.

Und er kam dabei nicht länger in Konflikt mit der Kirche oder anderen Obrigkeiten, denn wirtschaftlicher Wohlstand war gemeinhin geduldet.

Im 17. Jahrhundert begann der Wandel. Die ständische Ordnung wurde zunehmend brüchig. Bildung statt Geburtsrecht lautete fortan die Devise, rationales Bürgertum statt protzigem Adel. Jeder, der etwas erreichen wollte, konnte es auch – oder konnte es zumindest versuchen. Die neue bürgerliche Freiheit klingt gut, dennoch beraubte sie die Menschen erstmals ihres sicheren Gerüsts, ihrer gesellschaftlichen, wenn auch starren Position. Plötzlich lagen Gelingen und Unglück nicht mehr in der Hand des Schöpfers. Und nun? Neue Anleitungen für die Wege zum Glück mussten her. Insofern „tickten" schon unsere Vorväter nicht viel anders als wir.

Was heute die Ratgeberliteratur ist, waren damals sogenannte Erbauungsschriften. Sie boomten unter denjenigen, denen der gesellschaftliche Aufstieg gelungen war – den Bildungs- und höheren Gesellschaftsschichten. Dabei handelte es sich um Blättchen einfachen Inhalts, darin leicht verständlich aufbereitet der Weg zum (materiell) gelungenen Leben. Gerne empfahlen Erfolgreiche ihr Rezept zur Nachahmung. Benjamin Franklin beispielsweise, Allroundtalent und einer der Gründerväter der Vereinigten Staaten, gab gerne weiter, was ihn vom armen Kind zum einflussreichen Mann hat werden lassen. Der im 19. Jahrhundert lebende Philosoph und Ökonom John Stuart Mill brachte die damalige Geisteshaltung auf den Punkt: Zunächst galt Geld als Mittel, dem Glück den Weg zu bereiten. Doch irgendwann wurde es selbst als Teil des Glücks begehrt, nur durch Geld schien Glück möglich zu sein.

Heute hat sich die gesellschaftliche Lage im Vergleich zur damaligen Zeit entspannt und ausgeglichen. Allen negativen Schlagzeilen über deutsche Armut zum Trotz: Alles in allem geht es den meisten gut. Der Großteil hat Arbeit, ein geregeltes Einkommen, eine gute Ausbildung. Und doch bleibt eine Lücke, irgendetwas fehlt. Der Sinn des Lebens erschließt sich dem wahrscheinlich sogar leichter, der von früh bis spät für sein täglich Brot schuftet, der nicht viel Zeit für Träumereien hat, der froh ist, wenn er vor Einbruch des Winters genug Vorräte angelegt hat, um seine Familie und sich gut über die Runden zu bringen. Jemand, dem es darum geht, eine gute Ernte einzufahren, ist zufrieden, wenn er sieht, dass sein Vorhaben erfolgreich war und er sich keine Sorgen zu machen braucht.

Sinnsuchende im existenziellen Vakuum

Für den modernen, wohlhabenden Menschen ist diese Sinnfindung gar nicht so einfach, denn er hat Zeit – viel Zeit. Er kann sein Glück in der Familie suchen, seine Freiheit und Ungebundenheit in Reisen rund um die Welt genießen, sich im Beruf oder im Hobby verwirklichen. Nur: Einen existenziellen Sinn verfolgen die meisten der Vorhaben nicht. Der Grund für viele Aktivitäten bleibt auf der Strecke, denn meist geht es ja um nichts. Der Psychiater Viktor E. Frankl erkannte dieses Problem als die Krux der Neuzeit. Eines seiner Bücher heißt „Das Leiden am sinnlosen Leben". Wenn er darin von einem „existenziellen Vakuum" spricht, meint er genau das: Wenn es nicht mehr ums Ganze geht, um den Erhalt des eigenen Lebens und das des Clans – um was geht es dann? Der Mensch ist dem bloßen Instinktverhalten längst entwachsen. Es sagt ihm im Gegensatz zu früher keiner mehr, was er zu tun hat, und in vielen Revolten, Streiks und Demonstrationen hat er genau diese Unabhängigkeit zu erringen versucht. Und jetzt steht er mitunter da und weiß nicht, was er eigentlich will und was er mit seiner Freiheit anfangen soll.

Also beginnt die Sinnsuche. Sie beginnt natürlich da, wo der größte Spaß zu liegen scheint, wo eine schnelle Befriedigung des Glücksbedürfnisses winkt. Dazu sind Vergnügungsmeilen da, beispielsweise der Wiener Prater. Dort fanden Forscher heraus: Die Besucher waren frustrierter als der Rest der Bevölkerung. Vergnügen ist gut – aber, so würde Frankl argumentieren, was bringt das ganze Riesenradfahren, das Geldausgeben, welchen Sinn hat es? Der Mensch will nicht einfach nur glücklich sein, so seine These, er will auch einen guten Grund haben, glücklich zu sein. Erst wenn der erkennbar sei, stelle sich auch das gute Gefühl ein. „Je mehr er sich selbst übersieht, je mehr er sich selbst vergisst, indem er sich hingibt einer Sache oder anderen Menschen, desto mehr ist er Mensch, desto mehr verwirklicht er sich selbst", heißt es bei Frankl.

Für den vergeblichen Versuch, das Übermaß an freier Zeit sinnvoll zu verbringen, gibt es sogar einen Fachbegriff: „Sonntagsneurose" heißt dieses Phänomen auch. Jeder will gebraucht sein. Es gibt Einrichtungen, die von einem hohen Zustrom an Ehrenamtlichen berichten, insbesondere dann, wenn die freiwilligen Helfer durch ihr berufliches Know-how unterstützen können. Eine Münchner Institution beispielsweise hat es sich zur Aufgabe gemacht, schwer kranken Menschen einen Wunsch zu erfüllen. Gerade beruflich sehr Erfolgreiche boten ihre Mithilfe an. Im Gegenzug bekamen sie für ihre ehrenamtlichen Dienste das

Gefühl, mit ihrem Know-how wirklich etwas Gutes und Sinnvolles zu tun – außer einer Firma steigende Umsätze zu sichern.

Das Gefühl, gebraucht zu werden, ist für die Sinnsuche im Leben von maßgeblicher Bedeutung. Deswegen geht es den meisten Arbeitslosen auch nicht gut – allen hetzerischen Medienberichten über faule Abzocker zum Trotz. Die meisten von ihnen würden viel dafür geben, sich beruflich wieder gebraucht zu fühlen, ihren Platz in der Gesellschaft einzunehmen und zu Recht zu beanspruchen, weil sie auch ihren Beitrag dazu leisten.

Allzeit bereit:
Der Fluch der Verfügbarkeit

So angenehm die vielen technischen Entwicklungen und sonstigen Errungenschaften der Neuzeit sind: Sie sparen uns vor allem viel Zeit (die möglichen Folgen sind oben bereits erwähnt). Brot gibt es beim Bäcker, und damit besteht kaum mehr eine Chance, den Spaß am Brotbacken zu entdecken. Die Wäsche wäscht die Waschmaschine ganz alleine. Zum Glück, könnte man sagen. Einerseits ja, andererseits nein.

Die Wunderwelt der Technik macht nämlich mit den Erleichterungen des Alltags nicht halt. Sie dehnt sich immer weiter aus. Sammler kennen zum Beispiel das folgende Phänomen: Ein Sammler hat sich auf alte Platten spezialisiert. Schon allein der Akt der Suchens, des Stöberns durch Raritätenläden, das Durchforsten verstaubter Plattenkisten weckt die Spannung und die Vorfreude, ob das gesuchte Stück dieses Mal wohl dabei ist. Wenn nicht – halb so schlimm. Die Suche geht weiter, mit gleich bleibendem Elan. Wem diese Art, ein Sammelhobby zu betreiben, antiquiert erscheint, liegt richtig. Denn so ging es dem Sammler vielleicht vor zehn, fünfzehn Jahren noch.

Heute – im digitalen Zeitalter – hat das Sammeln für alle, die des Internetsurfens halbwegs mächtig sind, an Reiz eingebüßt. Denn heute lässt sich beinahe alles online aufstöbern, Ebay sei Dank. Ein paar Klicks, und das gesuchte Stück steht im eigenen Plattenregal. Die Begeisterung wird sich allerdings in Grenzen halten. Die Vorgeschichte zum Objekt fehlt, die lange, schließlich erfolgreiche Suche, die Spannung und Vorfreude – doch die ist oft das Schönste an der ganzen Sache.

Richard, Apothekersohn aus wohlhabendem Hause, schwelgte in freudiger Erwartung. Da in seiner Familie das Geschenkbudget von jeher größer war als das in den Familien seiner Freunde, war die Wunschliste lang und enthielt vieles, was auch die Freunde gerne besessen hätten. Ein Mofa, vielleicht ein elektrisches Klavier? Als zum Ausklang von Heiligabend die Christmesse anstand, und sich dort alle Freunde wie immer versammelten, war die Neugier auf die Ausbeute groß, und das Gelächter umso mehr: Wieder einmal hatten sich seine Eltern das Geschenk etwas kosten lassen. Sie legten dem 16-Jährigen etwas ganz besonderes unter den Christbaum: eine Pelzmütze. Was bleibt, außer einem warmen Kleidungsstück, das möglicherweise nie getragen wird, sind die Wochen der Vorfreude.

Dem einstigen Jäger und Sammler ist zumindest in unseren Breitengraden also nicht viel zu Jagen und Sammeln geblieben. Zu dieser Erkenntnis kommen auch amerikanische Glücksexperten. Sie sagen, wir fühlen uns glücklich, wenn wir eine Rarität erstanden – archaisch gesprochen die Beute erlegt haben. Dieses Bedürfnis steckt so tief im Menschen, dass es ihn zutiefst unglücklich macht, wenn er diesem seinen ureigensten Trieb nicht mehr nachgehen kann. Denn er bekommt ja fast alles kampflos.

So steht es auch mit Bedürfnissen. Die meisten essen, bevor sie wirklichen Hunger haben, doch bereitet Essen mit wirklich leerem Bauch viel mehr Lust – zumal, wenn es selbst gelungen zubereitet ist. Wer vom Wandern durchgefroren nachhause kommt, weiß eine heiße Dusche besonders zu schätzen. Wer sich beim Sport richtig schindet, erlebt zuhause das Nickerchen auf dem Sofa umso entspannender. Der einfache Weg ist im Hinblick auf das Glück oft eine Sackgasse. Glück über Abkürzungen fruchtet nicht. Aus genau dem Grund sind Second-hand-Erlebnisse, beispielsweise über Filme, aber auch über Bücher, kein Ersatz für eigene Aktivitäten.

Wir haben also von allem mehr als die Generationen vor uns. Die Kaufkraft ist ein deutlicher Beleg, selbst wenn sie momentan gerne als absteigend bezeichnet wird. Ärzte können heute wesentlich mehr Krankheiten behandeln oder vielleicht sogar heilen als früher. Wir leben sicher, sind mobil wie nie, haben mehr von der Welt gesehen als die Eltern oder Großeltern. Heute haben viel mehr Menschen die Chance, ein Fach ihrer Wahl zu studieren oder ihren Traumberuf zu erlernen. Nur eines ist offenbar nicht mehr geworden: das Glück.

Diese Kluft zwischen Gefühl und Realität bezeichnet man auch als Wohlstands- oder Fortschrittsparadox. Die Eltern oder Großeltern, die Kriegs- oder Nachkriegsgeneration lebten in der Hoffnung auf mehr Wohlstand, darauf, dass es die Kinder einmal besser haben werden. Für die meisten ist dies auch wirklich eingetreten. Und diese Generation, die sich eigentlich deswegen glücklich schätzen müsste, verzagt nun eher und fragt sich: Kann das alles in Zukunft noch mehr werden, oder befinden wir uns nicht schon auf dem absteigenden Ast? Sie fürchten sich in einer Art Zusammenbruchsangst davor, dass sich der Status auf Dauer nicht aufrecht erhalten lässt, dass es mit der Umwelt und der Menschheit bergab geht – Stichworte wie Klimaerwärmung, Terrorismus oder Seuchen wie Aids schüren diese Ängste noch.

Der amerikanische Psychologe Martin Seligman führt das darauf zurück, dass der moderne Mensch quasi von sich besessen ist, weil er heute alles in Bezug zu sich selbst setzen muss. Das fängt an bei der Kündigung (war ich schlechter als XY, bin ich zuwenig begabt, zu faul, zu uninspiriert?) geht über Trennungen (bin ich zu unattraktiv, zu langweilig, zu verklemmt?) bis hin zum Hauskauf (passt es zu meinem Stil, repräsentiert es mich, steht dieses Gebäude für meine Art zu leben?). Vieles, vielleicht sogar alles, was heute geschieht, mit uns geschieht, soll hinterfragt werden: Was macht das mit mir? Wie geht es mir damit? Gelingt es nicht, die jeweilige Frage mit zwei hoch erhobenen Daumen zu beantworten, stimmt etwas nicht. Vielleicht sollte man das eigene Leben doch noch einmal überdenken?

Mit der Gesundheit der Seele verhält es sich wie mit dem gesunden Auge. Solange das Sehorgan einwandfrei funktioniert und gesund ist, nehmen wir es nicht wahr, wir sehen unser eigenes Auge nicht. Erst wenn sich Defekte einschleichen, bemerkt man es plötzlich – beispielsweise durch ein verschleiertes Sehen beim Grauen Star. Ähnlich verhält es sich mit der Seele. Befindet sich ein Mensch im Gleichgewicht, macht er sich um sein Innerstes wenig Gedanken. Erst wenn er aus dem Gleichgewicht gerät, beginnt er, die Aufmerksamkeit auf seine Emotionen zu richten. Bei Ängsten ist das beispielsweise der Fall. Ein Mensch mit einer sozialen Phobie, also einer unnormalen Furcht vor der Zusammenkunft mit anderen Menschen, fürchtet sich möglicherweise davor zu erröten und sich dadurch lächerlich zu machen. Nun achtet er, sobald er unter Menschen ist, darauf, ob sich seine Unsicherheit wieder breit macht – und das wird sie durch diesen Fokus sicher auch. Für Gesunde gesprochen: Es kann wohltuend sein, den Fokus von uns selbst weg auf anderes zu richten.

Wissenschaft geht mit der Zeit

Heute wissen wir, dass Gefühle im Kopf entstehen, selbst wenn man in manchen Situationen ein „bestimmtes Gefühl im Bauch" hat. Der Impuls dafür, so viel ist klar, kommt von oben. Und damit ist weniger eine göttliche Fügung als vielmehr das Gehirn gemeint.

Wo sitzt eigentlich das Gefühl?

Das wurde spätestens in einem neurowissenschaftlichen Anschauungsunterricht deutlich: Im Jahr 1848 ereignete sich ein dramatischer Unfall. Durch den Kopf von Phineas Gage, einem Vorarbeiter einer amerikanischen Eisenbahngesellschaft, schoss während einer Sprengung eine fast zwei Meter lange und drei Zentimeter dicke Eisenstange. Sie trat unterhalb des Wangenknochens ein und oben am Kopf wieder aus. Wie durch ein Wunder blieb Phineas Gage am Leben. Seine Wunden heilten, er verlor lediglich sein linkes Auge. Glück im Unglück, könnte man meinen – doch die wahren Folgen zeigten sich erst später. Zwar war die Gedächtnis- und Arbeitsleistung seines Gehirns die gleiche, und auch motorisch und sprachlich zeigte er keine Auffälligkeiten.

Und dennoch war er nicht mehr der Alte. Aus dem einst besonnenen, fröhlichen und ausgeglichenen Gage wurde ein ungeduldiger, schlecht gelaunter und unberechenbarer Zeitgenosse. Es gelang ihm nicht mehr, vorausschauend zu handeln und sinnvolle Entscheidungen zu treffen. Die Stange hatte genau die Gehirnareale in Mitleidenschaft gezogen, in denen aktuelle Informationen mit im Gedächtnis abgespeicherten Informationen verknüpft werden. Dies ist der Bereich des orbifrontalen und präfrontalen Kortex – ein Teil der Großhirnrinde. Auf der Grundlage dieser Information initiiert das Gehirn der jeweiligen Situation angemessene Reaktionsweisen.

Sind Gefühle sozialisiert?

Die Wissenschaft ist ein geistiges Produkt der Menschen und der Zeit, in der sie leben. So fasste auch das Glücksthema, das immer mehr Menschen beschäftigte, zunehmend in der Forschung Fuß. Bis es soweit war, dass das Glück auch an Universitäten zum Thema wurde, musste sich zuerst eine Strömung durchsetzen. Denn lange waren sich die Forscher uneinig darüber, ob die Fähigkeit, Gefühle – und damit auch ein Glücksgefühl – zu empfinden und auszudrücken angeboren oder eher anerzogen war.

Der österreichische Verhaltensforscher Irenäus Eibl-Eibesfeldt wollte genau das herausfinden. In den 1950er Jahren machte er sich deshalb auf die Reise zu den Waldindianern Südamerikas, den Himba in Namibia, den Kalahari-Buschleuten in Südafrika, den Eipo in West-Neuguinea und den Trobriander im südlichen Pazifik – immer in Regionen, die so weit von der Zivilisation entfernt waren, dass die Beeinflussung möglichst gering war. Stets im Gepäck: eine Kamera mit Teleobjektiv, die um die Ecke filmen kann. Dadurch konnte er Menschen aufzeichnen, wenn sie sich unbeobachtet glaubten. Und sie zeigten überall und in jedem noch so entlegenen Winkel der Erde die gleiche Mimik, wenn sie zornig oder verlegen waren, überrascht wurden, trauerten oder sich freuten.

Das beobachtete auch der Amerikaner Paul Ekman. Er gehört zu den bedeutendsten Psychologen des 20. Jahrhunderts. Besonderes im Bereich der Emotionsforschung gelangte er zu einigem Ruhm. Den Grundstein dafür legte er schon früh. In den 60er Jahren besuchte er einen Stamm in einem von der Außenwelt völlig abgeschnittenen Dschungel in Papua-Neuguinea, einem Gebiet also, wo sich die Bewohner ihre Mimik und ihre Reaktionen auf bestimmte Ereignisse sicher nicht aus dem Fernsehen, und nicht einmal bei benachbarten Stämmen abschauen konnten. Ekmans Ziel war es, anhand dieses isolierten Stammes zu belegen, dass sich die Gefühls-Codes der Menschen gleichen, sprich: dass sich Emotionen rund um den Globus auf die gleiche Art und Weise äußern, beispielsweise durch ein Lachen vor Freude. Und in der Tat: Mit einem Fotoapparat hielt er fest, dass sich ihre Gefühlsäußerungen in nichts von denen der Menschen auf anderen Kontinenten unterschieden. Sie weinten ebenfalls Tränen der Trauer oder strahlten vor Glück.

Ähnliches kann man beispielsweise im Blindensport beobachten: Von Geburt an Blinde jubeln genauso wie Sehende. Beide reißen nach einem Sieg die Arme in die Höhe und werfen den Kopf in den Nacken – und auch Enttäuschungen drücken sich in der gleichen Körperhaltung wie bei den Sehenden aus: Sie lassen den Kopf und die Schultern hängen und machten sich dadurch schmaler.

Die Rolle der Gene – und der Gesellschaft

Doch das Mienenspiel funktioniert nicht nur völlig losgelöst von allen äußeren Umständen. Dass wir uns von anderen die Laune verderben lassen, liegt auch daran, dass wir beispielsweise eine grimmige Miene spiegeln, wenn wir mit ihr konfrontiert werden. Ist die Verkäuferin missgelaunt und mürrisch, gehen wir wahrscheinlich nicht mit einem breiten Lächeln im Gesicht auf sie zu. Interessanterweise würde uns das wohl eher gelingen, wenn wir unsere Zornesfalten durch Botox blockieren ließen. Denn ein Versuch am Klinikum rechts der Isar von Bernhard Haslinger und Kollegen zeigte, dass Personen, die ihre Stirn nicht mehr wütend runzeln konnten, wenn ihnen ihr Gegenüber schlecht gelaunt begegnete, tatsächlich auch weniger genervt waren – einfach, weil es ihnen nicht mehr gelang, die Stimmungslage des Gesprächspartners mimisch aufzugreifen.

Menschen reagieren und fühlen auf der ganzen Welt ähnlich. Das Grundmuster ist in jedem, zumindest in jedem gesunden Menschen angelegt. Bedeutender sind die Nuancen: Warum freut sich ein Mensch viel mehr als ein anderer? Warum verfallen manche eher in eine triste Stimmung als andere? An wem ließe sich besser nachvollziehen, was den Unterschied bewirkt, als an Zwillingen, allen voran eineiigen, die ja genau das gleiche Erbgut in sich tragen. Der heute emeritierte Psychologieprofessor David Lykken tat genau das, mit dem Ziel herauszufinden, ob es so etwas wie ein Glücksgen gibt. Er interviewte ein- und zweieiige Zwillinge zu ihrer Lebenszufriedenheit. Die eineiigen Zwillinge stimmten in ihren Antworten auffällig häufig überein, sogar wenn sie getrennt voneinander in völlig verschiedenen Umfeldern aufgewachsen waren. Es gibt sie also offenbar, die erbliche Anlage zum Glücklichsein.

Die positive Psychologie

Diese vielen verschiedenen Forschungsergebnisse benötigten einen Kanal zur Bündelung. Martin Seligman ging dabei erstmals ganz neue Wege, denn er orientierte sich nicht an der Psychologie des leidenden Menschen, sondern des psychisch Gesunden. Die große Stunde des Wissenschaftlers der University of Pennsylvania kam, als er 1996 die Präsidentschaft der American Psychological Association übernahm. Er wollte zeigen, dass es jenseits von psychischer Erkrankung oder Gesundheit möglich ist, glücklicher zu werden, mehr Sinn im Leben zu sehen oder öfter zu lachen – egal, in welcher Situation man sich befindet. Deswegen hat er 2004 als Gegenstück zum weltweit bekannten Lehrbuch der Nervenheilkunde „Diagnostic and

Statistical Manual of Mental Disorders" ein weiteres Buch veröffentlicht, namens „Character Strengths and Virtues", kurz CSV – hierin enthalten: Sämtliche Charakterstärken und Tugenden. Sie sollen als Inspiration dienen.

Anfang der 90er Jahre widmete sich der Soziologe Alfred Bellebaum dem Thema mit einem eigenen Glücksinstitut in Vallendar am Rhein, und sein Kollege Ruut Veenhoven, Soziologe an der Uni Rotterdam, entwickelte eine World Database of Happiness, die bis heute Studien und Umfragen aus 68 Ländern sammelt. Sie wächst jedes Jahr kontinuierlich an, was nicht zuletzt dem Entstehen einer neuen Fachrichtung, der positiven Psychologie, zuzuschreiben ist.

Die positive Psychologie hat nicht den bereits psychisch Kranken im Blick, sondern den Gesunden. Der Fokus liegt auf dem Menschen selbst und der Entwicklung seiner Talente. Diese Strömung zweifelt auch an, was lange galt: Dass hinter jeder Tat ein verborgenes negatives Motiv steckt – zumindest, wenn sie wissenschaftlich relevant ist. Ein Beispiel: Jemand lernt aus dem einzigen Grund, um nicht hinter andere zurückzufallen oder zumindest, um besser zu sein als andere. Die positive Psychologie dagegen vertritt den Ansatz, dass jeder Mensch ganz bestimmte Talente hat, er agiert, weil es ihm Freude bereitet. In anderen Worten: Die positive Psychologie geht davon aus, dass es nichts bringt, nur seelische Leiden zu lindern. Viel hilfreicher sei es, Stärken und Talente zu identifizieren und dadurch zu verhindern, dass es überhaupt zu seelischen Leiden kommt.

Mittlerweile melden sich jedoch auch Kritiker zu Wort. Glückspilze sind beispielsweise zwar kreativer, aber gute Laune schwächt auch das Vermögen, logische Schlüsse zu ziehen, macht moralische Urteile unsicher und unbekümmerter im Einsatz von Klischees. Die beiden Autoren schließen ihre Interpretationen mit einer Anekdote. Der britische Abenteurer und Textilkaufmann Maurice Wilson hat 1934 felsenfest daran geglaubt, als erster den Mount Everest besteigen zu können. Allerdings fehlte es ihm an alpiner Erfahrung. Er wollte also mit dem Flugzeug so nahe am Gipfel wie möglich landen und dann die letzten Meter zu Fuß zurücklegen. Das erlaubten jedoch die Behörden nicht, also machte er sich zu Fuß auf den Weg. Später fand man seine gefrorene Leiche auf 7000 Meter Höhe. Mit ihr den Tagebucheintrag: „Wieder geht's los, ein herrlicher Tag!"

Die Erforschung des guten Gefühls ist populär und wird von verschiedenen Seiten finanziell unterstützt. Die Ergründung geht also weiter – das Ende ist offen. Denn bislang haben keine Untersuchungen Belege dafür erbracht, dass sich durch bestimmte Techniken die Glücksgefühle dauerhaft wecken lassen. Eher im Gegenteil: Die Studien sind nur kurz oder kurzfristig. Dagegen ist bekannt, dass sich beim Menschen sehr leicht der Gewöhnungsaspekt einstellt. Sprich: Was ihn zehnmal glücklich gemacht hat, muss beim elften Mal keinen solchen Effekt mehr haben.

2. Handzettel für das Glück

Die Suche nach dem Glück macht Forscher unglücklich. Denn Glücksvergleiche, egal, ob international oder innerhalb kleiner Gruppen, bringen keine vergleichbaren Ergebnisse. Sie bieten immer Angriffsflächen für Kritik.

Der „Happy Planet Index" der New Economics Foundation zeigte, dass die glücklichsten Menschen nicht da leben, wo man sie vermutet – in den vergleichsweise wohlhabenden Ländern wie den USA, Australien oder den europäischen Staaten. Sie leben auf der vom Klimawandel bedrohten, ärmlichen Insel Vanuatu im Südpazifik. Deutschland rangiert auf dem weltweiten Glücksindex mit Platz 81 im Mittelfeld.

Englische Psychologen der Universität Leicester werteten Umfragen mit mehr als 80 000 Teilnehmern zum Thema Glück aus und verglichen Studien aus 178 Nationen: Das Glück wohnt ihrer Untersuchung zufolge vor allem in Dänemark, der Schweiz und in Österreich. Deutschland belegt in dieser Liste Platz 35.

Allein diese zwei Erhebungen zeigen: Es ist unmöglich, mit vereinheitlichten Fragen dem Glück gerecht zu werden. Die Vorstellungen variieren von Kulturkreis zu Kulturkreis. In Japan beispielsweise spielen gesellschaftliche Werte eine wesentlich größere Rolle als hierzulande – das Glück suchen die asiatischen Inselbewohner folglich weniger stark in der Selbstverwirklichung als vielmehr in einer harmoni-

schen Gemeinschaft, in der sich der Einzelne bisweilen dis-
zipliniert unterordnen muss, um den Frieden nicht zu stören. Ebenfalls eine Frage der Mentalität ist die Euphorie der
Antworten. Amerikaner bezeichnen sich selbst wesentlich
schneller als „happy" und reagieren dabei wesentlich emo-
tionaler als die allgemein eher zurückhaltenden Deutschen
oder Briten.

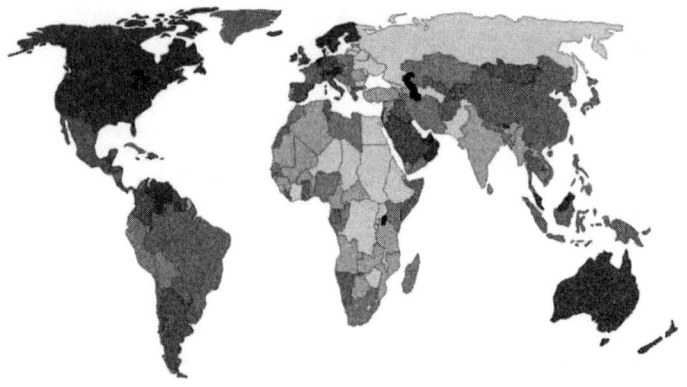

Abb. 1: Wo das Glück weltweit wohnt: Je dunkler eingefärbt die Länder sind,
desto höher ist dort das subjektive Wohlbefinden

© White, A. (2007). A Global Projection of Subjective Well-being: A Challenge
To Positive Psychology? Psychtalk 56, 17–20.

Diese Weltkarte beispielsweise zeigt, basierend auf Daten
der UNESCO, UNHDR, NEF und des CIA, wo die glücklichsten Menschen leben – je dunkler die Flächen, desto
besser die Stimmung. Demnach rangieren die USA und Ca-
nada gemeinsam mit Australien und Skandinavien weit
vorn. Deutschland hat im merhin fünf von sechs „Glücks-
punkten".

Kulturelle Eigenheiten können internationale Umfragen
nur schwer berücksichtigen. Zudem geben viele Fragebö-

gen die Antworten schon vor – die Versuchsteilnehmer entscheiden sich also möglicherweise nur für die Antwort, die am ehesten passt, unabhängig davon, ob sie tatsächlich der Wahrheit entspricht oder nicht.

Nicht einmal innerhalb einer Gesellschaft herrscht ein einheitliches Glücksverständnis vor. Schon die Ideale von Männern und Frauen klaffen zum Teil weit auseinander. Und doch gibt es einige Punkte, in denen die Studien einen gemeinsamen Nenner finden. „So verschieden die Glücksziele und -erwartungen sind", sagt Alfred Bellebaum, der langjährige Leiter des Instituts für Glücksforschung in Vallendar, „einige Konstanten gibt es aber doch – vor allem Liebe, Geborgenheit und Zuneigung."

Der Weg zum Glück ist individuell. Vom Tellerwäscher zum Millionär, Hans im Glück: Der eine findet es, indem er sich all das erarbeitet, was er sich immer erträumt hat. Zum Weg des Tellerwäschers gehören Hartnäckigkeit, Talent, Jahre ohne Urlaub und vor allem ein unerschütterlicher Glaube an sich selbst. Es gibt sie wirklich, die Menschen, die durch ein felsenfestes Selbstbewusstsein und ein wenig Glück – im Sinne einer Verkettung glücklicher Zufälle – das erreichen, was sie sich immer erhofft haben. So wie jener Junge, der 1947 in einer kleinen österreichischen Ortschaft als Sohn einer Hausfrau und eines Gendarms geboren wurde. Mit einem Hauptschulabschluss in der Tasche wandert er in die USA aus – und verwirklichte sich dort selbst. Zunächst verdient er als Immobilienmakler trotz seiner schlechten Englischkenntnisse Millionen. In verschiedenen Wirtschaftskursen holt er erforderliches Wissen nach und macht schließlich sogar einen Universitätsabschluss. Nebenher trimmt er seinen Körper auf Höchstform, verwirklicht sich seinen nächsten Traum und wird Schauspieler. Heute ist er mit der Nichte von John F. Kennedy verheiratet und der 38. Gouverneur von Kalifornien. Die Rede ist von Arnold Schwarzenegger. Man mag von ihm halten, was man will: Er war vielleicht kein Genie im konventionellen Sinn und seine Ausgangsvoraussetzungen waren nicht rosig – aber er hat sein Potenzial erkannt und sukzessive verwirklicht.

Nicht besonders viel versprechend begann auch das Leben der kleinen Norma Jeane. Sie kam als Tochter einer Filmcutterin auf die Welt. Die Mutter gab die Kleine zu Nachbarn, musste sie aber im Schulalter wieder zu sich nehmen. Doch dort blieb das Mädchen nur kurz. Wegen der Probleme ihrer Mutter lebt sie in unterschiedlichen Pflegefamilien, einmal sogar im Kinderheim. Schon mit 16 Jahren heiratet sie und arbeitet in einer Fabrik für Fallschirme, bis sie als Fotomodell und schließlich als Schauspielerin entdeckt wird und es zu sagenhaftem Ruhm bringt. Dennoch: Psychische Probleme hindern sie daran, ihr Glück zu genießen. Marylin Monroe starb im Alter von 36 Jahren, allein, an einer Überdosis Schlafmittel.

Zugegeben: Diese beiden Biographien sind nicht unbedingt exemplarisch. Gerade das Beispiel von Marylin Monroe zeigt, dass auch das Glück im Unglück nicht immer ein Happy End nimmt. Dennoch haben beide intuitiv das befolgt, was ihnen moderne Glücksratgeber wahrscheinlich raten würden. Sie waren aktiv, nahmen ihre Chancen wahr, wo sie sich boten, auch wenn sie dabei zunächst ein Risiko eingingen. Beide glaubten an ihre Möglichkeiten. Beide kannten ihre Talente. Beide wussten um die Bedeutung, Netzwerke zu knüpfen und sie zu nutzen.

Egal, welches Konzept man verfolgt: Glück lässt sich offenbar einfach so machen. Einmal herausgefunden, was am glücklichsten macht, stellt sich im Handumdrehen das begehrte Gefühl ein. So lauten zumindest die Verheißungen, und entsprechende Ratgeber werden in zahlreichen Varianten verkauft. Schön, dass sie so leicht ist, die Sache mit dem Glück. Und dass dank der zahlreichen To-Do-Listen fürs Glück, die meterweise die Regale der Bücherläden füllen, fortan jeder Leser mit einem glücklichen Lächeln im Gesicht durchs Leben läuft. Oder?

Reine Chemie: Das Gefühlslabor

Es ist wenig romantisch, aber es ist nun einmal so: Gefühle sind reine Chemie. Allerdings bleibt bis zu einem bestimmten Grad ein Geheimnis, warum sie sich bei jedem Menschen zu verschiedenen Anlässen und in so unterschiedlicher Intensität aus dem körpereigenen Chemiekasten zusammensetzen.

Die Freisetzung und Wirkung der Botenstoffe in unserem Gehirn ist entscheidend für unsere Gefühle einschließlich Glück, den Kloß im Hals, feuchte Hände vor dem wichtigen Vortrag, das flatternde Gefühl der Verliebtheit im Bauch oder das fröhlich hüpfende Herz der Vorfreude. Das Wissen um die Wirkung von Botenstoffen erleichtert Psychiatern heute ihre Arbeit. Neben Gesprächen und anderen Formen der Zuwendung können Medikamente dazu verhelfen, dass die Botenstoffe in ein Gleichgewicht gelangen, das der Situation in gesunden Tagen nahekommt.

Bis der Mensch überhaupt nach so einem hochkomplexen Muster gestrickt war, sind Millionen Jahre verstrichen. Das Gehirn hat sich immer weiterentwickelt – sozusagen von unten nach oben. Über dem Rückenmark sitzt der Hirnstamm, in dem viele lebenswichtige Prozesse gewissermaßen „halbautomatisch", ohne eine „bewusste" Willensanstrengung ablaufen. Also all das, was eine Spezies beherrschen muss, um den Fortbestand der Gattung zu sichern. Bei vielen Tieren macht das Stammhirn fast das gesamte Gehirn aus, ihr Leben besteht auch heute noch aus nicht mehr als dem Impuls zu essen, zu schlafen, zu fliehen und sich fortzupflanzen. Der Mensch hat es weiter gebracht, er denkt, hinterfragt, plant und reagiert komplexer. Das hat er seinen gut vernetzten Nerven zu verdanken.

Eine Nervenzelle kann mit 25 000 weiteren Nervenzellen in Verbindung stehen. In einem Bruchteil einer Sekunde tauschen sie Informationen aus – von Dendrit zu Dendrit, der Verbindungsstelle, durch die sie sich jeweils berühren. Sind die Informationswege weiter, geschieht die Übermittlung über ein Axon. Jede Nervenzelle hat in der Regel nur ein Axon. Sie können bis zu einem Meter lang werden, bei Giraffen werden diese Nervenzellenfortsätze sogar bis zu vier Meter lang. Axone können nachwachsen, das kann aber mehrere Monate dauern. Deshalb kann es nach Unfällen manchmal einige Zeit dauern, bis der Patient wieder Gefühl in den Händen hat.

Die Axone verschiedener Nervenzellen werden gebündelt und in Nervenbahnen zusammengefasst. Zwölf „Hirnnervenpaare" der linken und rechten Hirnhälfte empfangen Signale von Sinnesorganen oder transportieren Reize zu Muskelgruppen an Kopf und Hals. Weitere 31 Nervenbahnpaare stehen über das Rückenmark mit Muskeln, Haut und inneren Organen in Kontakt.

Dass die Befehle über Nervenbahnen weitergeleitet werden können und zu bestimmten körperlichen Reaktionen führen, ist die Arbeit des Gehirns. Es ist in verschiedene Areale untergliedert, die unterschiedliche Aufgaben übernehmen, in manchen Fällen jedoch notfallmäßig einspringen können, sollte ein Teil des Gehirns zu Schaden kommen.

Eine zentrale Bedeutung für unser Empfinden und Lernen hat der Mandelkern. Gemeinsam mit dem Thalamus, dem Hypothalamus und dem Hippocampus bestimmt er im sogenannten „limbischen System" über die emotionale Bedeutung von Signalen. Der Mandelkern ist gewissermaßen ein Alarmsystem für besonders überraschende und damit interessante Reize. Hat das Gehirn Zeit, eine bestimmte Lebenssituation zu analysieren, dann werden die zum limbischen System gehörenden Gehirnabschnitte mehrmals durchlaufen. Die emotionale Bewertung einer Situation erfolgt dann immer differenzierter.

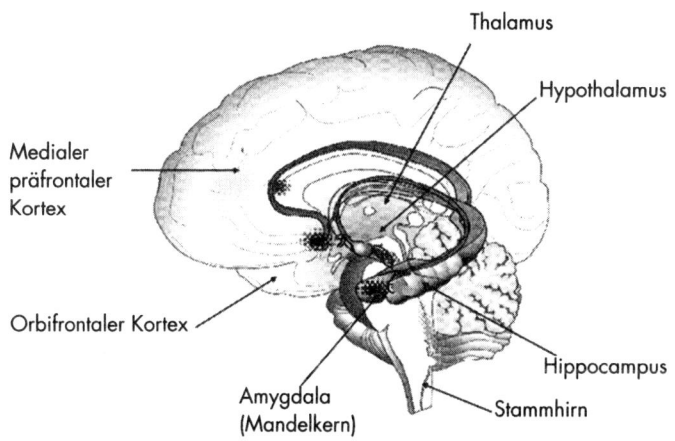

Abb. 2: Die Schaltstellen für das Glück im Gehirn
Copyright: Hans Förstl

Die Hormone

Beim Entstehen der Gefühle wirken im Gehirn verschiedene Stoffe wie gut abgestimmte Gewürze zusammen. Es sind im Wesentlichen fünf Zutaten, die die Mischung machen:

1. Serotonin: Bei depressiven Erkrankungen treten Veränderungen im Serotonin-System auf. Kohlenhydratreiche Nahrung wie Bananen, Müsli oder Vollkornbrot können die Ausschüttung von Serotonin anheben, ebenso wie Schokolade oder – die kalorienärmere Variante – das Licht. Tryptophan, eine Vorstufe des Serotonins, steckt in Fisch, Fleisch oder Milch. Menschen, die sehr wenig Fett essen, sind angeblich oft gereizter und schmerzempfindlicher. Diese mangelnde Ausgeglichenheit steht möglicherweise im Zusammenhang mit einem Tryptophan-Mangel und in der Folge einem sehr niedrigen Serotoninspiegel.

2. Dopamin ist so etwas wie ein Belohnungsstoff, der die Motivation und Lernfähigkeit steuert, die Angst löst und Lustempfindungen weckt. Es wird ausgeschüttet, wenn wir eine besondere Leistung vollbracht haben, aber auch, wenn wir angenehme Erfahrungen machen. Auf diesen Effekt zielen auch Drogen ab. Sie setzen den Dopaminspiegel künstlich herauf. Ein ausgeprägter Dopaminmangel, wie er bei der Parkinson-Krankheit festzustellen ist, kann nicht nur zu einer weitgehenden Unfähigkeit zu körperlicher Bewegung führen, sondern auch zur Minderung der geistigen Beweglichkeit, Motivation und freudigem Empfinden. Eine ständige Übererregung im dopaminergen System kann dagegen ein Zuviel an interessanten Ideen bis hin zum Wahn mit sich bringen.

3. Noradrenalin wirkt in niedriger Dosis anregend, in höherer Dosis eher aufregend. Diese Überstimulation kann zunächst noch als angenehm erlebt werden, bis die Reserven psychisch und physisch erschöpft sind.

4. Endorphine sind Botenstoffe, die viel mit unmittelbarem körperlichem Wohlbefinden und dem Beseitigen unangenehmer Empfindungen zu tun haben. Der Körper schüttet Endorphine verstärkt in Ausnahmesituationen aus – beispielsweise unter starker körperlicher Anstrengung, Stress und zur Unterdrückung von Schmerzen.

5. GABA, die Gamma-Aminobuttersäure, ist für die Filterung von Nervenimpulsen zuständig

Aktivität: Tun ist besser als Nichtstun

Leider ist es mit Ratgebern so wie mit allen anderen gut gemeinten Tipps: Sie passen nicht zu jedem, sie treffen nicht auf jede Situation zu. Und – jedenfalls fürs Glück gesprochen – setzt man die Ratschläge pflichtbeflissen in die Tat um und erwartet im Gegenzug das schöne Gefühl, wird sich Folgendes einstellen: nichts.

Das soll aber wiederum kein Ratschlag sein, dann eben von vornherein nichts zu tun. Vielmehr muss manches erst einen festen Platz im Leben bekommen, so fest, dass es nicht mehr hinterfragt wird. Zum Beispiel das wöchentliche Joggingpensum. Wer irgendwann ganz selbstverständlich dreimal pro Woche die Laufschuhe schnürt und einfach um des Sports und der Fitness willen seine Runden dreht, wird vielleicht eines Tages belohnt mit einer Portion an Glückshormonen. Wer sich mühsam durch seine Aufgaben im Büro beißt, bis irgendwann der Knoten platzt, und alles plötzlich wundersam leicht, fließend und dennoch spannend von der Hand geht, erlebt vielleicht das Gefühl, das man „Flow" nennt: ein völlig selbstvergessenes Aufgehen in einer Sache, mit anschließendem Hochgefühl.

Dieser Weg klingt beschwerlich. Und so träumt wohl jeder lieber von der Muße. Ein Haus am Meer, mit einem Liegestuhl auf der Terrasse, und dort fernab von Stress und Hektik wochen- oder monatelang oder gar für immer die Gedanken ziehen lassen ist eine Wunschvorstellung vieler stressgeplagter Menschen, und der Inbegriff eines glücklichen Moments. Nur sind Auszeiten lediglich dann schön, wenn klar ist, dass sie irgendwann einmal wieder aufhören. Nichtstun als ein unklar abgesteckter Zeitraum dagegen belastet – davon können die meisten Arbeitslosen ein Lied singen. Und zwar unabhängig davon, ob man trotz Arbeitslosigkeit vom Staat gut versorgt wird und sich finanziell keine Gedanken machen muss oder nicht. So der Fall in Skandinavien: Trotz eines sehr guten Sozialsystems sind unfreiwillig Arbeitslose dort nicht glücklicher als irgendwo anders. Die Finanzlage allein kann also nicht bestimmend dafür sein, dass das Nichtstun für die Betroffenen zur Qual wird.

Aktivität ist immer besser als Inaktivität, folgert der Glücksforscher Daniel Gilbert. Diese Erkenntnis bezieht er wahrscheinlich aus seiner eigenen Biographie. Der heutige Harvard-Professor blickt auf einen anfangs nicht eben geradlinigen Lebenslauf zurück. Mit 19 brach er die High

School ab und war bereits Vater eines Kindes. In Nacht-
schichten versuchte er sich als Romanautor. Um dieses Vorhaben erfolgversprechend umzusetzen, nahm er sich vor,
seine schriftstellerischen Talente in einer Fortbildung zu
verfeinern. Aber leider war der Schreibkurs schon ausge-
bucht. Der einzige noch nicht belegte Kurs, so erfuhr er vor
Ort, war ein Psychologieseminar. Um nicht umsonst ange-
reist zu sein, belegte er eben dieses. Quasi aus Versehen
lernte er eines seiner herausragenden Talente kennen.
Heute ist das Sorgenkind von einst ein renommierter Pro-
fessor für Psychologie. Ohne seinen Versuch, etwas aus
sich zu machen, wäre er diesem glücklichen Zufall nie begegnet.

Für Daniel Gilbert ist klar: Es ist sogar besser, aktiv gewesen zu sein, selbst wenn das Projekt scheitert. Das hat
er mittlerweile auch durch Studien belegt. Denn, so Gilbert, man bereut mehr, was man nicht getan hat, als was
man getan hat, was aber nicht funktioniert hat. Diese Tat-
sache führt er auf die Fähigkeit des Menschen zurück,
Vergangenes schönzufärben. Das funktioniert allerdings
nur mit dem, was war. Unterlassenes rosarot zu malen gelingt selbst der einfallsreichen menschlichen Psyche
nicht. Keine Erfahrungen heißt also: keine schönen Erinnerungen. In den schillerndsten Farben beispielsweise er-
innern sich viele auch Jahrzehnte später noch an ihre
Schulzeit. Oder vielleicht sollte man sagen: gerade viele
Jahrzehnte später. Denn genau betrachtet: War die Schulzeit wirklich eine so schöne Zeit? Der Schulalltag ist
fremdbestimmt, größtenteils hat der Schüler keinen Einfluss darauf, was er wann lernt und was nicht. Das
Sprachtalent quält sich mit Infinitesimalrechnung ab, der
Nachwuchs-Einstein langweilt sich mit französischen

Passivkonstruktionen. Hinzu kommen Prüfungsstress, schlechte Noten trotz großer Anstrengung, anstrengende Mitschüler, das frühe Aufstehen, unangenehme Lehrer. Wie schön also, dass unser Gehirn diese Dinge zumeist ausblendet. Erinnert werden lange Schulferien, nette Banknachbarn, gemeinsame Streiche und das heiß ersehnte Hitzefrei.

Genau aus diesem Grund ist der guten Stimmung auch das Fernsehen so wenig zuträglich. Dabei ist es zunächst egal, ob man regelmäßig Soaps sieht, Sportschau-Fan ist oder gerne und oft Spielfilme sieht. Denn fernsehen ist fremderleben. Man leidet oder fiebert zwar mit – aber eben nur aus zweiter Hand. Daraus schafft es sogar unser Gehirn nicht, positive Erinnerungen zurückzubehalten. Hinzu kommt der Dallas- und Denver-Clan-Effekt: Solche Fernsehgestalten leben vorwiegend in einer anderen Welt, derjenigen der Schönen und Reichen. Identifiziert man sich damit zu sehr und zu regelmäßig, bleibt ein schales Gefühl der Enttäuschung, wenn nicht der Butler das Bier zum Fernsehsessel bringt, sondern man eben doch selbst zum Kühlschrank schlurfen muss. Dieses Phänomen untersuchten auch amerikanische Forscher und raten deswegen von ausuferndem TV-Konsum ab.

Dass der Mensch etwas tun muss, um zufrieden zu sein, führt der britische Zoologe und Verhaltensforscher Desmond Morris auf die Uraufgaben des Menschen zurück – er bezeichnet das positive Gefühl, das daraus erwächst, als „Target Happiness", also ein zielgerichtetes Glück. Für ihn steht der Mensch in einer Art historischen Bringschuld. Dazu gehört der Müßiggang nicht, denn unsere Vorfahren lebten fürs Jagen und Sammeln, um ihr Überleben zu sichern. Im Prinzip, so glaubt Morris, ist der Mensch auch heute über dieses Stadium noch nicht hinaus gekommen. Hat er keine sinnvolle Aufgabe, machen sich Frustration und Langeweile breit.

Der erste Schritt zur Tat ist ein Plan. Mit blindem Aktionismus ist es nämlich nicht getan. Zu sagen: Ich hätte eine zweite Maria Callas werden können, ich hätte theoretisch einen Weltrekord im 100-Meter-Kraulen geschafft oder ich bräuchte eigentlich ein Haus mit 20 Zimmern am Starnberger See, führt in die Irre – jedenfalls weg vom Glück. Oder aber man zweifelt die Erreichbarkeit der eigenen Ziele an. Zu sagen: Ich bin ein sehr guter Schwimmer, aber ich traue mich nicht, meine Kräfte mit anderen zu messen, denn die sind eh schneller, hält vom Erreichen größerer Ziele ab.

Wir leben heute in einer Welt, die für sehr viele von uns den Luxus bereit hält, dass es – außer für uns selbst – unwesentlich ist, wie groß und bedeutend die Beute für andere ist. Kaum etwas ist noch lebensnotwendig. Nur unser eigenes Bild vom Erreichten ist wichtig. So kann für einen Menschen, der unter Klaustrophobie leidet, die Überwindung, in einen vollen Fahrstuhl zu steigen und dieses Erlebnis zu bewältigen, ein großes Glücksgefühl hervorrufen – eine andere Person nutzt den Fahrstuhl jeden Tag mehrmals und fühlt nichts dabei. Für diese Person wiederum kann es ein tolles Erlebnis sein, einen Volkslauf über zehn Kilometer gut zu überstehen – eine Marathon-Weltklasseläufer trainiert möglicherweise nicht mal bei lockeren Einheiten in diesem Tempo.

Die Ziele sind also relativ, man muss sie nur richtig setzen. Ein Sportler, der kein Topathletenpotenzial hat, wird nie glücklich sein, wenn er sich immer nur in Marathons misst, diese aber nie schafft. In dem Moment, wo er sich eingesteht, ein Volksläufer zu sein, wird er aber möglicherweise sogar Erfolgserlebnisse verzeichnen. Ein Talent mit einer großartigen Singstimme wird erst dann wirklich zu seiner Berufung finden, wenn es sich sein herausragendes Talent eingesteht und nicht mehr kleine Brötchen bäckt. Für diese Art des Glücks braucht es keinen Gegner – es ist eher der Kampf gegen oder mit sich selbst.

Das funktioniert auch in der Beschäftigungstherapie so. Patienten lernen, sich auf eine neue Weise auszudrücken, die sie so bislang für sich vielleicht noch nicht entdeckt hatten. Das kann sehr befreiend, teilweise sogar euphorisierend wirken. Und noch einen entscheidenden Effekt hat die Beschäftigung: Sie lenkt ab. Für die Zeit, in der ein Patient ganz in seiner Arbeit aufgeht, kann er vergessen – sich selbst und seine Probleme. Allein das kann die Belastung schon deutlich senken.

Allerdings ist es gar nicht immer so einfach, etwas zu finden, das einen so absorbiert, dass man sich selbstvergessen dieser Aufgabe hingibt. Im Zweifel sei geraten: Helfen tut auch dem Helfenden gut. Nächstenliebe beispielsweise ist ein Erlebnis, das bei fast allen Menschen ein sehr gutes Gefühl hinterlässt. Der wichtigste Faktor dabei: Die Selbstbezogenheit, die unter anderem ein Charakteristikum von Depressionen ist, bleibt außen vor.

Dieser Grafik liegt die Auswertung von Fragebögen von rund 900 berufstätigen Frauen aus Texas zugrunde, die der amerikanische Psychologe Daniel Kahnemann gemeinsam mit Kollegen erhoben und ausgewertet hat. Sie zeigen, dass es ganz und gar nicht egal ist, was wir tun. Diese 900 Frauen verbrachten einen größeren Teil des Tages damit, Dinge zu tun, die ihnen keinen Spaß machen – das sind alle

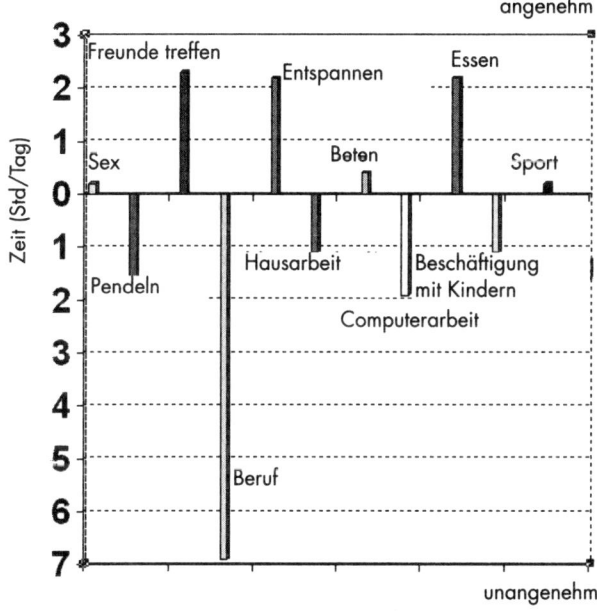

angenehm

Freunde treffen
Entspannen
Essen
Sex
Beten
Sport
Pendeln
Hausarbeit
Beschäftigung mit Kindern
Computerarbeit
Beruf

Zeit (Std/Tag)

unangenehm

Abb. 3: Der negative und positive Glückseffekt täglicher Aktivitäten

Balken, die nach unten zeigen. Die Länge der Balken zeigt
an, wie viel Zeit jeden Tag für die jeweilige Aktion benötigt
wird. Der Großteil dieser Aufgaben ist nicht dazu angetan,
in ihnen aufzugehen und die Zeit zu vergessen – oder gar
im Idealfall so weit zu führen, dass wir ein Gefühl erreichen, das der Psychologe Mihaly Csikszentmihalyi geprägt
hat: den Flow.

Was ist Flow?

Den Begriff Flow hat der Volksmund schon längst adoptiert. „Im Flow sein" ist bekannt – und im Prinzip ist der Begriff auch genauso verwendet, wie ursprünglich von Mihaly Csikszentmihalyi gedacht. „Flow" steht für fließen, strömen, und das beschreibt das Gefühl treffend, das sich während eines Flows einstellt: Wenn jemand in einer Tätigkeit völlig aufgeht, ist alles im Fluss.

Dieses totale Einssein mit dem Moment stellt sich dann ein, wenn wir in einer Aufgabe aufgehen, die fordert, ohne zu überfordern. Die Aktion ist kreativ und lässt sich selbstbestimmt durchführen. Dieses Idealmaß bringt den ganzen Körper in Harmonie: Die Gehirnareale, die für Emotionen zuständig sind, funktionieren im Gleichklang mit denen, die für das Bewusstsein und den Intellekt verantwortlich sind. In diesem Moment haben Sorgen und Gedanken um die eigene Person keinen Platz mehr. Wir vergessen die Zeit. Deshalb wird dem Glücklichen, der einen Flow erlebt, in diesen Momenten sein Glück gar nicht bewusst sein. Erst wenn er wieder daraus „erwacht", wird er dieses Gefühl verspüren. Wo steckt es, dieses heiß begehrte Gefühl? Diese Zustände sind vergleichbar mit Kindern, die völlig in ihrem Spielen aufgehen. Ein frisch Verliebter verspürt es beim Sex, ein Bastler während der Arbeit an der geliebten Modelleisenbahn, der Naturfreund beim Bergsteigen, der Vogelliebhaber bei der Tierbeobachtung, der Pianist beim Musizieren, oder der Steuerberater, wenn er die perfekte Lösung finden konnte.

Das Beispiel des Flow zeigt: Nicht jede Arbeit taugt gleich gut fürs Glück: Eine Studie der University of Texas zeigt, dass Menschen, die die Möglichkeit haben, kreativ zu arbeiten, glücklicher und gesünder sind. Diese Arbeit wird weniger schnell zur Routine, macht mehr Spaß, und das Lösen von Problemen bietet auch einen Lernerfolg. Unser Gehirn dankt uns die Lösung eines neuen Problems mit Glückshormonen – aber vor allem dann, wenn wir uns einer Herausforderung erfolgreich gestellt haben. Mittlerweile widmeten sich einige Studien dem Flow-Gefühl. Eine amerikanische beschäftigt sich beispielsweise mit Jazzpia-

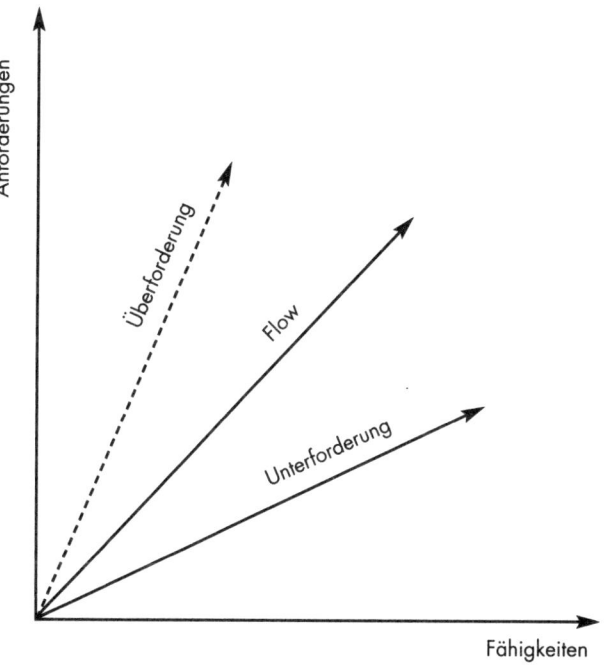

Abb. 4: Der Flow. Anforderungen und Fähigkeiten befinden sich beim Flow in einem optimalen Verhältnis

nisten. Wenn sie improvisierten, deaktivierten sie eine Gehirnregion, die an der Selbstkontrolle beteiligt ist. „Wenn jemand seine eigene musikalische Geschichte erzählt, unterdrückt er alle Impulse, die den Strom neuer Ideen bremsen könnten", sagt Charles Limb von der Johns Hopkins University.

Eines ist jedoch paradox: Zwar kann Aktivität dazu führen, dass wir glücklich werden. Nur umgekehrt funktioniert das Ganze weniger gut. Gehen wir glücklich und optimistisch an eine Sache heran, neigen wir zu Schlamperei und vorschneller Zufriedenheit. Wir berücksichtigen nicht mehr alle negativen Eventualitäten – und dadurch werden sich auch mehr Schwachstellen einschleichen. Die vielfältigen technischen Optimierungen sind nur deshalb entstanden, weil Forscher und Entwickler sich alle negativen Optionen vergegenwärtigt haben – als „Berufspessimisten" gleichsam. Erst wenn alle Eventualitäten berücksichtigt und ausgeschlossen sind, kann ein Produkt als ausgereift betrachtet werden. Eine weitere Studie zeigte: Glückliche neigen eher zu Vorurteilen. Je besser sich jemand fühlt, desto eher hält er einen Verdächtigen tatsächlich für schuldig, eine Tat begangen zu haben – zumal, wenn er einer Minderheit angehört. Es handelt sich hier also um das alte Bild des verliebten Kochs, der die Suppe versalzt: Zwar sind – um im Bild zu bleiben – Glücksgefühle das Salz an der Suppe eines schönen Lebens, aber zu viel wird eben irgendwann ungenießbar. Und ungesund.

Bilanzanalyse:
Wichtig ist, was hinten rauskommt

Glücklich ist, wer vergisst,
was doch nicht zu ändern ist.

Johann Strauß

„Wichtig ist, was hinten rauskommt", sagte Helmut Kohl einmal. Damit meinte er zwar die Abhörprotokolle der Stasi, die über ihn angefertigt worden waren, aber in einem anderen, zweckentfremdeten Sinne passt der Ausspruch ganz hervorragend zum Thema Glück: Denn der Mensch hat, das wurde bereits angesprochen, die herausragende Gabe, Erlebtes im Nachhinein schön zu färben. Das ist durchaus sinnvoll, beispielsweise, was durch Kriegserlebnisse Traumatisierte anbelangt. Im Idealfall gelingt es ihnen irgendwann, so viel Abstand von dem Erlebten zu gewinnen, dass es nicht mehr den ursprünglichen Schrecken auszulösen vermag und eines Tages vielleicht nicht mehr ganz so grauenerregend erscheint. Natürlich gelingt das nicht mit allen Erlebnissen.

Menschen, die die ganz besondere Eigenschaft haben, immer und immer wieder aufzustehen, wenn sie fallen, bezeichnet man in der Psychologie als resilient.

Resilienz
Der Begriff der Resilienz ist der Wertstoffkunde entlehnt. Er steht für Materialeigenschaften, die auch großen Druck tolerieren, ohne zu zerbersten und die danach wieder ihre Ausgangsform annehmen. Dieses

Bild passt auch auf einen resilienten Menschen: Resilienz ist die Eigenschaft, sich an ganz unterschiedliche Gegebenheiten anzupassen, flexibel auf sie zu reagieren und so auch mit sehr schwierigen Situationen gut umzugehen. Diese seelische Robustheit führt dazu, dass Betroffene aus belastenden Situationen herausgehen, ohne seelischen Schaden genommen zu haben.

Von resilienten Menschen kann man sich Vieles abschauen. Denn sie erarbeiten sich immer wieder selbst den Nährboden für ihr eigenes Glück. Ein bekanntes Beispiel ist Nelson Mandela. Zwar ist er nicht in bitterarmen Verhältnissen aufgewachsen, doch gehörte er zu der von den Weißen im Zuge der Apartheit unterdrückten Mehrheit. Schon als Jurastudent war Mandela aktiv im Kampf gegen den Rassismus – später dann als führender Kopf der Partei ANC. Sein Engagement für Gerechtigkeit büßte er mit 27 Jahren Haft. Doch als sich 1990 die Gefängnistüren für ihn öffneten, trat kein gebrochener Mann in die Freiheit, sondern einer, der trotz des ihm angetanen Unrechts für einen friedlichen Kampf und für die Versöhnung einstand. Er hat die Haft nicht nur psychisch erstaunlich unversehrt überstanden, er hat sogar die Größe, mit dem Unrecht abzuschließen und aktiv und positiv in die Zukunft zu blicken. Intelligenz, Selbstbewusstsein, Aktivität und verlässliche Mitstreiter: Er hat jeden Bereich, der einem resilienten Menschen zugeschrieben wird, abgedeckt.

Dazu kommt sicher, dass sich für ihn alles zum Guten gewendet hat (und er die weitere gute Eigenschaft zu haben scheint, das auch wahr- und anzunehmen), selbst wenn die Zustände in seinem Heimatland Südafrika sicher noch nicht zum Besten stehen: Er ist international geachtet, eine Gallionsfigur im Kampf gegen Rassismus, Übervater des Südafrikanischen Staats, Vorbild, Ikone und Hoffnungsträger einer besseren Zukunft.

Wichtig ist, wie Episoden im Leben enden. Denn der Abschluss einer Phase prägt die Erinnerung an das davor Geschehene. Ein einfacher Test veranschaulicht diese Erfahrung: Studenten, die ihre Hände eine zeitlang in eiskaltes Wasser halten mussten, hatten dieses Erlebnis als schlimmer in Erinnerung, als den Vergleichstest, bei dem sie ihre Hände wesentlich länger in kaltes Wasser hielten, das aber zum Abschluss aufgewärmt wurde und der Versuch damit weniger schmerzhaft endete.

Nelson Mandela hat sich eine bestimmte Haltung gegenüber schwierigen Lebensumständen angeeignet – oder vielleicht war sie ihm einfach von Geburt an zu eigen. Er machte nicht negative Umstände für persönliche Tiefschläge verantwortlich und verfiel so in eine Haltung des Lamentierens und der Passivität, vielmehr nutzte er sie dafür, neue Strategien zu entwickeln und lernte sie anzuwenden. Es ist ein gängiges Konzept der Neuzeit, eine schwierige Kindheit verantwortlich für das zu machen, was im Jetzt schief läuft. Das mag für einige Fälle vielleicht zutreffen, für den Großteil waren die Erlebnisse allerdings nicht traumatisch genug, um sie im Erwachsenenalter nicht abzuhaken und hinter sich lassen zu können – und noch viel mehr: Weniger zu klagen über Geschehenes, als vielmehr daraus Erwachsenes produktiv anzugehen und zu ändern.

Der Mensch ist robuster, als er manchmal selber glaubt. Während die Psychologie der früheren Jahre aus ihm eine zarte, empfindliche Pflanze gemacht hat, zeigt sich, dass er doch einiges einstecken kann, bevor es irgendwann zu viel wird. Die meisten sind bei negativen Erlebnissen eine Weile einfach nur traurig. Aber nur der kleinste Teil wird wirklich depressiv und leidet übermäßig lange darunter. Das heißt: Natürlich treffen uns negative Ereignisse. Aber sie treffen uns weniger hart und weniger lange, als man sich aus der aktuellen Situation heraus vorstellt

Das zeigt sich auch in der Beobachtung sehr kranker Patienten. Eine Krebserkrankung erscheint den meisten Gesunden als Weltuntergang. Diejenigen, die es dagegen tatsächlich erleben, finden sogar noch etwas Gutes daran, sagen, dass sie nichts im Leben ändern würden. Wenn wir diese Erlebnisse also meist besser wegstecken als erwartet, warum lassen wir uns durch sie deprimieren?

Forschung rund um das doppelte Lottchen

Zwar hat das Umfeld Einfluss auf die Entwicklung, aber sie ist nicht der einzige Faktor von Belang. Zwillingsstudien beispielsweise legen nahe, dass ein Mensch auch ohne Ballast aus Kindheit und Jugend („dies und jenes haben die Eltern nicht richtig gemacht") leben kann. Denn Zwillinge, die getrennt voneinander aufwuchsen und in unterschiedlichen Umgebungen unterschiedliche Erfahrungen machten, entwickelten sich trotzdem sehr ähnlich. Individuelle Anlagen sind also da. Jedem steht es frei, sie auch zu nutzen.

Viele aber blicken verbittert in ihre Vergangenheit und bleiben passiv in der Gegenwart, weil sie glauben, dass sie durch negative Erlebnisse geprägt sind, sie sehen sich dauerhaft in der Opferrolle. Doch negative Erlebnisse deuten auf keinen Fall automatisch auf eine unglückliche Zukunft hin.

Gerade in Kreisen, in denen sich Menschen sehr mit ihrer Selbstverwirklichung beschäftigen (und nicht immer erfolgreich), wird viel und gerne über Gefühle gesprochen, „um sie zu verarbeiten". Das mag in vielen Fällen wohltuend sein, aber nicht in allen. Lässt man Depressive beispielsweise immer und immer wieder in der Vergangenheit wühlen und nach dem wunden Punkt suchen, finden sie keinen Schritt aus ihrer Misere heraus. Das kann eher negative Folgen als positive haben. Genauso geht es auch Gesunden. Untersuchungen der Universität Missouri-Columbia an jungen Mädchen zeigen, dass es genau den gegenteiligen Effekt hat, wenn sie mit ihrer besten Freundin immer wieder Probleme wälzen. Zwar stärkt das intensive Teilen der Sorgen und Nöte die Freundschaft, löst aber auch verstärkt Ängste und Depressionen aus. Gleichaltrige Jungen sind in dieser Negativspirale nicht gefangen, was vielleicht an der Natur der Männerfreundschaften liegt.

Deshalb kann es auch eine gute Methode sein, ein Problem einfach einmal abzuhaken. Denn Verschiedenes in der Vergangenheit wird sich nachträglich kaum mehr verändern lassen. Da kann es durchaus ein probates und sinnvolles Mittel sein zu vergessen und sich auf die Gegenwart zu konzentrieren, die man – im Gegensatz zu dem, was vergangen ist – noch selbst aktiv mitgestalten kann.

Generell muss nicht jedes Gefühl ausgelebt werden, wie man immer wieder gerne liest. Wer Zorn beispielsweise immer herauslässt statt ihn „herunterzuschlucken" oder anderweitig abzubauen, dem kann es passieren, dass er sich danach nicht etwa erleichtert fühlt, sondern im Gegenteil: Er hat mit noch negativeren Folgeemotionen zu kämpfen. Studien haben gezeigt, dass Menschen, die ihrem Zorn öfter nachgeben, häufiger herzkrank sind. Ihre Wut ist nicht kleiner, wenn sie regelmäßig Dampf ablassen. Denn Emotionen pendeln sich nach einem positiven oder negativen Ausschlag eher wieder auf dem Mittelniveau ein. Das tun sie selbst dann, wenn man ihnen nicht (immer) nachgibt.

Übrigens sind es nicht die großen Unglücke, die uns dauerhaft herunterziehen, sondern die vergleichsweise kleinen und wiederholten Unannehmlichkeiten – ständig im Stau stehen zu müssen beispielsweise oder in einer Wohnung zu leben, in der wir uns nicht wohl fühlen. Das liegt daran, dass das Unglück genau wie das Glück funktioniert. Es ist auch ein Extrem, das der Körper so schnell es geht wieder einebnen will. Nur wenn die Unglücke eher klein sind, verspüren wir sie dauerhafter, der Körper räumt nicht schnell genug wieder auf. Man kompensiert größere Unglücke viel eher als kleine. Sie sind in der Summe dann gravierender. Und gerade weil die Probleme so gering sind, hapert es sehr häufig auch am Elan, aktiv etwas dagegen zu unternehmen.

Sozialleben:
Freunde sind Medizin für die Seele

„Das Glück ist das Einzige, was sich
verdoppelt, wenn man es teilt."

Albert Schweitzer

Albert Schweitzer bringt auf den Punkt, was viele Wissenschaftler nach ihm erforscht und belegt haben: Der Mensch ist ein Herdentier. Ganz ohne emotionale Nähe gedeiht er als Kind nicht normal, und er verkümmert selbst im Erwachsenenalter noch emotional, wenn ein stabiles soziales Umfeld fehlt.

Das subjektive Wohlbefinden ist die eine Seite, die körperliche und messbare Reaktion eine andere, die belegt, dass gute zwischenmenschliche Beziehungen eine Wohltat für den Menschen darstellen. Diese Messungen zeigen: Glücklich Verheiratete haben einen niedrigeren Blutdruck als Partner in weniger gut funktionierenden Beziehungen. Dieser Effekt gilt nicht nur für Paarbeziehungen. Auch Singles, die in ein gutes soziales Netzwerk eingebunden sind, zeigen solche Effekte. Umgekehrt funktioniert diese „Nebenwirkung" natürlich auch: Wenig harmonische Ehen gehen auf Kosten der Gesundheit. Besonders Frauen nehmen sich die schlechte Stimmung im wörtlichen Sinne sehr zu Herzen.

Wie wichtig soziale Kontakte sind, zeigt sich besonders an Menschen, die Schwierigkeiten damit haben, Nähe aufzubauen, zu pflegen und zuzulassen. Nicht ohne Grund leiden psychisch Kranke oft besonders unter der Angst, durch ihr Verhalten andere Menschen zu erschrecken. Neh-

men wir Menschen mit einer Borderline-Persönlichkeitsstö-
rung. Sie erfahren verschiedene Gefühle verstärkt, die prinzipiell auch jeder andere, mental Gesunde in sich trägt –
Verlustängste beispielsweise, aber auch Wut oder Angst.
Nur bauen sich diese Emotionen bei „Borderlinern" derar-
tig auf, dass sie sie kaum mehr kontrollieren können. Das
führt auch dazu, dass sie sich in vielen Situationen unbere-
chenbar verhalten.

Diese Phasen leben viele Betroffene exzessiv aus – mit
Drogen- oder Alkoholmissbrauch, unkontrolliertem Geldausgeben, heftigen aggressiven Ausbrüchen oder sonsti-
gem Verhalten, mit dem sie sich selbst in Gefahr bringen,
beispielsweise schnelle Wechsel von Sexualpartnern oder
risikoreiche Sportarten. Sind diese Phasen vorbei, stehen
sie oft vor den Trümmern, die ihr Verhalten hinterlassen
hat. Sie haben Menschen vor den Kopf gestoßen, die ihnen eigentlich am Herzen liegen, ruppig Hilfsangebote
abgeschmettert, oder sich gefühlsmäßig auch einfach bis
auf die Knochen blamiert. Das Gefühl, auf zwischenmenschlicher Ebene nicht anerkannt zu sein, sitzt tief
und belastet sehr. Denn der Mensch ist ein soziales Wesen. Es ist ihm nicht egal, was andere von ihm halten. Jeder will sich in einer Gruppe ihm gewogener Menschen
sicher fühlen, seien das nun Familienmitglieder oder
Freunde. Je labiler, desto wichtiger ist es, ein enges, ver-
lässliches Netz vertrauter und vertrauenswürdiger Menschen zu haben – und desto schwerer fällt es, solch ein
Netz zu knüpfen.

Berufsgruppen, denen es jobbedingt schwer bis unmöglich ist, enge Beziehungen zu anderen Menschen zu
pflegen, zeigen sich deshalb auch notorisch unzufrieden.
Models beispielsweise sind laut einer amerikanisch-briti-

schen Studie an der Universität von Texas in Austin psychisch wesentlich instabiler als eine gleichaltrige Vergleichsgruppe mit normalen Berufen. Sie waren misstrauischer, gefühlsbetonter, weniger anpassungsfähig und exzentrischer, dabei aber genauso schüchtern und aufmerksamkeitsbedürftig. Bei ihnen treffen zwei Faktoren zusammen, die der Zufriedenheit in die Quere kommen: Zum einen können Models nicht selbstbestimmt handeln – zumindest, solange ihr Kontostand eine solche Flexibilität noch nicht hergibt. Sie können sich in der Regel also ihre Arbeit und ihr Umfeld nicht selbst aussuchen. Zum anderen sind sie ständig unterwegs. Darunter leiden auch die sozialen Kontakte.

Doch je intensiver die sozialen Kontakte sind, umso besser. Ökonomen haben errechnet, dass Singles 100 000 Dollar jährlich mehr verdienen müssten, um auf dem gleichen Glückslevel zu landen wie Verheiratete. Allerdings ist auch der Ehering kein Siegel fürs Glück: Der emotionale Höhenflug währt offenbar nicht ewig. Schon wenige Jahre nach dem Ja-Wort pendelte sich das Gefühl wieder ein – sie bleiben aber glücklicher als sie vier Jahre vor der Eheschließung waren. Möglicherweise sind aber Paare, die heiraten, schon zuvor glücklicher als Alleinstehende. Umgekehrt schlägt sich wenig so deutlich auf die Stimmung nieder wie eine Scheidung – sie macht doppelt so unglücklich wie der Verlust eines Drittels des Einkommens. Je frischer die Trennung ist, desto schlimmer. Das gilt besonders für Frauen. Sie brauchen länger, bis sie das Beziehungsende verkraftet haben.

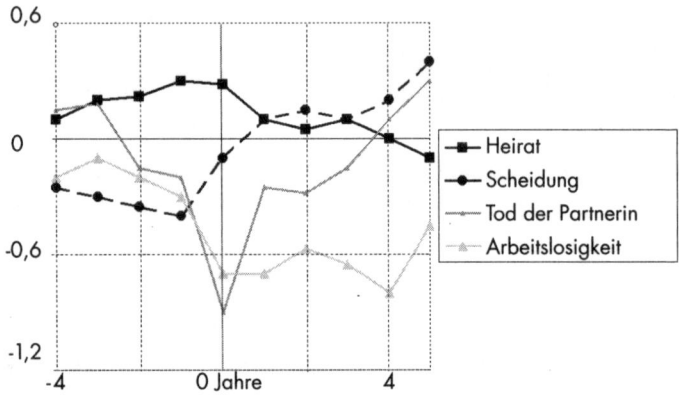

Abb. 5: Der Effekt von Lebenskrisen auf das Glücksgefühl

© Lags and Leads in Life Satisfaction: A Test of the Baseline Hypothesis/Andrew E. Clark, Ed Diener, Yannis Georgellis, Richard E. Lucas. – Berlin: DIW Berlin, 2008. – 25 S. – (SOEPpapers on Multidisciplinary Panel Data Research at DIW Berlin; 84)

Zum Zeitpunkt „0 Jahre" trat das jeweilige Ereignis (Tod, Scheidung usw.) ein. Wie sich die Zufriedenheit vor, zum Zeitpunkt des und nach dem Ereignis entwickelte, wurde auf Werte zwischen –1,2 (für sehr negativ) bis 0,6 (positiv) umgelegt. Die Kurven galten für Männer.

Auf die Heirat folgt meist der nächste Schritt, denn zur Krönung des Glücks fehlt noch der Nachwuchs. Natürlich ist das Glücksgefühl kurz nach der Geburt des Kindes besonders intensiv (mit Ausnahme der Frauen, die an einer postnatalen Depression leiden). Vor allem die frischgebackenen Mütter überschwemmt ein ganzer Gefühlscocktail. Das Lächeln ihres Kindes wirkt auf sie wie eine Droge: Es macht high, indem es das Belohnungszentrum im Gehirn aktiviert. Spätestens zwei Jahre nach der Geburt haben sich diese berauschten Zustände aber deutlich abgeschwächt. Das Hochgefühl ist wieder auf das Ausgangsniveau zurückgekehrt.

Für die Beziehung der Eltern gilt dieser Höhenflug leider nicht: Befragt man Paare, äußern sie sich hinsichtlich ihrer Beziehung eher unzufriedener als vor dem Nachwuchs.

Für die durchschnittliche Zufriedenheit in Beziehungen trifft das jedoch nicht zu, denn hier zeigen sich deutsche Paare zunehmend glücklich. 71 Prozent der befragten Deutschen gaben zu Protokoll, dass die Zweisamkeit umso schöner wird, je länger die Beziehung dauert. Fast 90 Prozent freuen sich jeden Tag wieder, Zeit zu zweit zu verbringen.

Glückskonto: Geld allein kanns auch nicht sein

Es stimmt, dass Geld nicht
glücklich macht – allerdings meint
man damit das Geld der anderen.

George Bernard Shaw

George Bernard Shaw hat nicht ganz unrecht: Natürlich macht Geld nicht automatisch glücklich. Aber es entlastet ganz ungemein, sich über die finanzielle Sicherheit nicht dauerhaft Gedanken machen zu müssen.

Findet in ursprünglich armen Ländern ein wirtschaftlicher Aufschwung statt, an dem die Bevölkerung wirklich auch teilhat, nimmt die Zufriedenheit zunächst deutlich zu. In reichen Ländern hat das aber kaum noch Einfluss. Selbst Superreiche mit einem Nettobesitz von mehr als 125 Millionen Euro haben ein kaum höheres Glücksniveau als Leute mit ganz durchschnittlichem Einkommen. Generell sind es nicht die Reichsten, die am zufriedensten sind – zumal dann nicht, wenn sie einen gehobenen Lebensstandard schon früh gewohnt sind. Und umgekehrt sind es nicht die Zufriedensten, die am meisten verdienen. Denn nur derjenige versucht, die beruflich möglichen finanziellen Spielräume noch mehr auszuschöpfen, der ein Ziel hat und höher hinaus will. Für denjenigen, der sich bereits zufrieden geben kann, ist das weniger der Fall.

Der Sechser im Lotto

Auch im Lotto macht der Wert den Unterschied. Moderate Lotteriegewinne haben demnach einen größeren Einfluss auf das Wohlbefinden als kleine oder gar keine Gewinne. Bis sich dieser positive Effekt zeigt, vergeht allerdings einige Zeit. Das liegt wahrscheinlich daran, dass das Geld bei mäßigen Gewinnen zunächst gespart und erst später dann ausgegeben wird.

Überhaupt ist der Effekt von Lottogewinnen auf das individuelle Glück überschätzt. Das Schönste am Lottospielen ist demnach wahrscheinlich die Vorstellung vom plötzlichen Reichtum. Der geben sich sehr viele Menschen hin, obwohl klar ist, dass kaum einer wirklich den Jackpot knackt. Die Stiftung Warentest hat ausgerechnet, dass es viermal wahrscheinlicher ist, vom Blitz erschlagen zu werden als einen Sechser im Lotto zu haben. Nur einer von 140 Millionen hat eine Chance. Dennoch füllen rund 41 Prozent der erwachsenen Deutschen zumindest gelegentlich ihren Lottoschein aus. Im unwahrscheinlichen Fall, dass es doch klappt mit den sechs Richtigen plus Superzahl, sind die Gewinner nach ihrem Gewinn nicht unbedingt glücklicher. Bald wird der Zustand, vermögender zu sein als zuvor, normal. Und der erste

Glückskick pendelt sich sehr schnell auf dem individuellen Durchschnittslevel wieder ein. Sprich: Aus einem Miesepeter machen auch vier Millionen Euro mehr auf dem Konto keinen Sonnenschein – und umgekehrt werden Sonntagskinder sich alles in allem auch im plötzlichen Reichtum nicht besser fühlen, als sie es sowieso schon tun.

Die Sache mit der Zufriedenheit ist ein Kapitel für sich: Beispielsweise hat sich das Pro-Kopf-Einkommen in den USA seit Ende des Zweiten Weltkriegs verdreifacht – die Bürger sind aber nicht glücklicher als zuvor. Um zufrieden zu sein, müssen wir mindestens so viel verdienen wie unsere Vergleichsgruppe. Werden die anderen wohlhabender, müssen wir uns doppelt anstrengen, um nachzuziehen – oder sehen uns möglicherweise irgendwann mit unserem nagenden Neid konfrontiert.

Der Mensch ist also kein Homo oeconomicus. Selbst wenn er finanziell besser dasteht als zuvor, kann er unglücklicher sein – einfach, weil es seiner Referenzgruppe noch besser geht. Das zeigt allein die deutsche Wiedervereinigung. Den Bewohnern der neuen Bundesländer geht es heute finanziell besser als zu Zeiten der DDR – und sie sind doch im Allgemeinen unzufriedener, weil sich ihre Referenzgruppe verändert hat (Westdeutsche statt Nachbarn im Osten), mit der sie noch nicht auf einem Level sind. Oder auch Frauen: Obwohl sie heute bessere Jobs haben und im Vergleich zu Männern ihr Einkommen auch deutlicher angestiegen ist, sind sie unzufriedener, denn sie vergleichen sich mit Männern und stellen fest, dass sie immer noch benachteiligt sind.

Das vorherige Kapitel hat gezeigt, wie bedeutsam gute Beziehungen zu Mitmenschen für ein gutes Lebensgefühl sind. Doch in dem Spruch, dass beim Geld die Freundschaft aufhört, ist viel dran. Denn dass Geld allein offensichtlich nicht glücklich macht, hängt ganz wesentlich mit dem sozialen Faktor zusammen. Tests haben gezeigt, dass Menschen sich mehr anstrengten, wenn sie ans Geld erinnert wurden – gleichzeitig nahmen aber ihre Sensibilität gegenüber anderen sowie die zwischenmenschlichen Kontakte ab. Die Testpersonen, in deren Kopf die Dollarzeichen blinkten, waren weniger hilfsbereit, hielten zu anderen eher Distanz und unternahmen mehr allein. Sie arbeiteten lieber einzeln und baten andere ebenfalls weniger um Hilfe. Auf der anderen Seite aber zeigten sie sich strebsam, bürdeten sich selbst mehr Arbeit auf und kämpften sich eher durch schwierige Aufgaben als die weniger am Geld Orientierten.

Generell scheint der soziale Aufstieg mehr zu wiegen als ein gestiegener Kontostand. Aber es geht natürlich auch darum, sich Dinge leisten zu können, die früher vielleicht nicht möglich waren. Das Gehirn ist hier wiederum leicht zu täuschen. Erwarten wir von einem Produkt höchste Qualität (und die wird oft über einen besonders hohen Preis suggeriert), dann laufen die Hirnregionen heiß, die für ein subjektives Wohlbefinden zuständig sind. Der Klassiker dabei sind sündhaft teure Rotweine, denen man nicht immer „anschmeckt", dass sie mehrere Hundert Euro gekostet haben. Tauscht man die Weine gegen billigere aus, ohne den Schwindel aufzudecken, trinken „Versuchskaninchen" den vermeintlich edlen Tropfen tatsächlich mit wesentlich mehr Genuss als einen günstigen Rotwein.

Warum ist das so? Ist der Mensch ein so undankbares Wesen, dass nicht einmal ein Lottogewinn und damit das Ende aller finanziellen Sorgen zu einem dauerhaft glücklichen Leben verhelfen? Es handelt sich dabei eher um die „hedonistische Adaption", eine Art Psychohygiene, die bewirkt, dass sich alle starken emotionalen Reaktionen mit der Zeit abschwächen. Das ist nicht schade, sondern sehr gesund. Denn nur so kommt der Mensch mit Schicksalsschlägen zurecht. „Die Zeit heilt alle Wunden", sagt der Volksmund, und meint damit: Selbst negative Ausschläge unserer Gefühlskurve bewegen sich irgendwann wieder nach oben – sofern wir psychisch gesund sind. Ohne dieses Talent unseres Gehirns, Emotionen wieder auf einen individuellen Ausgangswert einzuebnen, hätten die psychiatrischen Kliniken weltweit noch ein Vielfaches mehr zu tun.

Die Vergleichsgruppe: Der tückische Blick über den Gartenzaun

> *Das Glück gibt vielen zu viel,*
> *aber keinem genug.*
>
> Martial

Bis vor Kurzem war noch alles in Ordnung. Der Kleinwagen fuhr ohne Tadel, er passte in jede noch so kleine Parklücke. Doch dann begann im Freundeskreis das große Aufrüsten. Die Fahrzeugflotte der Clique zeugte vom beruflichen und finanziellen Aufstieg. Und plötzlich war der Kleinwagen, nach wie vor die Zuverlässigkeit auf vier Rädern, nicht mehr gut genug. Ein neues Auto musste her. Ein banales Beispiel, das zeigt, dass Bedürfnisse vor allem innerhalb einer Vergleichsgruppe entstehen.

Wer sich von solchen materiellen Vergleichen nicht angesprochen fühlt: Beispiele für Vergleiche gibt es quer durch die Bevölkerung und beinahe zu jedem Thema. Möglicherweise unterhalten sich zwei alte Damen auf der Bank vor ihrem Haus. Beide haben Zeit ihres Lebens keine Reichtümer besessen und blicken nun auf ein arbeitsreiches Leben zurück. Doch auch hier wird sich die eine mit der anderen messen und frohlocken, dass sie ihre Sonntage im Kreise einer reichen Enkelschar verbringt, während ihre Banknachbarin bislang nur zwei Enkel vorzuweisen hat, die noch dazu im Ausland leben und sehr seltene Gäste sind.

Die Vergleichsgruppe ist einer der Hauptgründe dafür, ob wir uns gut oder schlecht fühlen. Darin, an welcher Gruppe wir uns orientieren, sind wir jedoch erstaunlich flexibel. Im Berufsleben orientieren wir uns beispielsweise eher an unseresgleichen. Wir wollen so viel (oder möglichst noch mehr) wie Kollegen auf der gleichen Hierarchieebene verdienen. Wir möchten mindestens so interessante Projekte übertragen bekommen (oder noch bessere) und genauso oft gelobt werden wie Vergleichspersonen (oder noch ein bisschen mehr). In puncto Besitz orientieren wir uns dagegen gerne nach oben und begehren die große Wohnung, die der besser verdienende Freund hat, die schicken Designerschuhe, die sich die Kollegin leisten kann oder die Traumreisen, die sich die Geschwister gönnen. Körperlich Gebrechliche, Kranke orientieren sich dagegen „nach unten", an denen, denen es noch schlechter geht. Das ist ein einfacher Mechanismus, denn die Psyche versucht ein dauerhaftes Tief zu vermeiden. Logische Folge: ein Vergleich, bei dem man selbst möglichst gut abschneidet.

„Glück ist wie ein Maßanzug. Unglücklich sind meistens die, die den Maßanzug eines anderen tragen möchten", sagte der Dirigent Karl Böhm. Das eigenartige daran ist, dass dieser Maßanzug mit ziemlicher Sicherheit nicht gut sitzen würde – und dennoch wird er heiß begehrt. Zwar will Rüdiger gerne so viel verdienen wie Rainer, der im Vorstand eines Unternehmens sitzt. Er beneidet ihn um seinen schnellen Wagen und das schicke Haus. Nur ist Rüdiger der Meinung, dass 40 Arbeitsstunden pro Woche mehr als genug sind. Rainer wiederum beneidet Rüdiger um seine Freizeit und hört mit zunehmender Unruhe zu, wenn der ihm von seinen Wochenendexkursionen vorschwärmt. Aber deswegen nur noch so viel zu verdienen wie Rüdiger und auf das schöne Haus zugunsten Rüdigers Drei-Zimmer-Wohnung zu verzichten?

Dieses Paradox zieht sich durch alle Gebiete. Untersuchungen eines amerikanischen Forscherteams von der Cornell University unter Sportlern zeigten, dass Bronzemedaillengewinner glücklicher sind als Silbermedaillengewinner. Und zwar aus dem einfachen Grund, dass die Zweitplatzierten „nur" Zweite geworden sind, wo doch der Sieg greifbar nahe war. Die Drittplatzierten jedoch sind froh, es noch aufs Treppchen geschafft zu haben und nicht den unliebsamen vierten Platz erreicht zu haben.

Unter amerikanischen Sozialwissenschaftlern wird dieses Phänomen „Hedonic Treadmill" bezeichnet. Es besagt, dass unsere Ansprüche immer mitsteigen. Das bedeutet auch, dass sich jemand nur wirklich wohl fühlt, wenn er mindestens so viel verdient wie diejenigen, mit denen er sich selbst vergleicht. Das heißt, das Wirtschaftswachstum an sich trägt überhaupt nicht zur Zufriedenheit bei – denn alle anderen werden ja auch wohlhabender. Das haben auch Bonner Forscher festgestellt. Sie zeigten, dass der Mensch ein Kopfmensch ist – allerdings in einem anderen als dem gebräuchlichen Sinne: Das Belohnungszentrum spielt eine bedeutsame Rolle für das ganze Verhalten. Unbewusst zielen Aktivitäten darauf ab, dieses Zentrum zu stimulieren, um gute, zufriedene Gefühle zu wecken.

Die Volkswirtschaft interessiert, woraus die Motivation erwächst, etwas zu tun? Rein wirtschaftlich gedacht müsste der Mensch ja in Scheuklappen-Manier allein auf eine Vermehrung seines wirtschaftlichen Reichtums aus sein – unabhängig davon, ob andere mehr oder weniger haben, solange nur der eigene Besitz kontinuierlich wächst. So ist es aber nicht. Zufrieden ist man dann, wenn man besser als andere abschneidet.

Das nimmt sogar sehr bizarre Züge an: Die Belohnungszentren der Versuchsteilnehmer waren dann aktiv, wenn andere überflügelt werden konnten. Selbst dann, wenn ihr Benefit viel höher, aber eben ebenso hoch wie beim Konkurrenten ausfiel, war das Belohnungszentrum nicht nennenswert aktiv. Dass da etwas dran ist, zeigen die Lohndiskussionen. Gesetzt den Fall, Sie beginnen einen neuen Job und steigen mit einem wesentlich besseren Gehalt als in ihrem letzten ein. Sie werden zufrieden sein, denn noch vergleichen Sie den Lohn mit dem Lohnniveau in Ihrem alten Betrieb. Stellt sich aber heraus, dass alle anderen in Ihrer neuen Firma noch mehr bekommen als Sie, ist es mit der Zufriedenheit schnell dahin – obwohl Ihr Nettogehalt ja nach wie vor genauso hoch ist.

Gesundheit: Glück ist kein Heilmittel – schadet aber auch nicht

Sit mens sana in corpore sano – ein gesunder Geist wohne in einem gesunden Körper: Dieser Spruch aus der römischen Philosophie ist als Einladung zu verstehen, den Leib gesund zu halten, damit es auch dem Geist und der Seele gut gehe. Er ist durchaus wahr, aber er gilt nicht ausschließlich. Zwar zeigen Untersuchungen, dass es jungen Erwachsenen durchaus aufs Gemüt schlägt, wenn sie die ersten Zeichen des körperlichen Abbaus an sich bemerken. Beispielsweise, dass plötzlich der Rücken schmerzt (ein Tribut an den Bürojob), oder aber durchfeierte Nächte länger in den Knochen stecken, oder sich ganz profan die ersten Falten zeigen. Allerdings ist der Mensch ein Wunder an Anpassungsfähigkeit. Ist die Psyche gesund, stellt das auf Dauer nach dem ersten Schrecken keine Belastung mehr dar. Es ist einfach so, ein Fakt, der nicht aus der Welt zu schaffen ist und so akzeptiert werden muss – und wird. Und so zeigt die Zufriedenheitskurve nach dieser „Eingewöhnungsphase" auch wieder deutlich nach oben.

Allerdings: An alles gewöhnt sich der Mensch nicht. Er kann sich selbst mit starken körperlichen Beeinträchtigungen arrangieren, beispielsweise einem amputierten Körperteil. Ist das Handicap jedoch mit chronischen Schmerzen verbunden oder handelt es sich um eine psychische Erkrankung, können sich Betroffene nur schwer damit abfinden. Auch Mehrfacherkrankungen wirken sich fühlbar negativ aus. Das schlägt sich auf das Wohlbefinden nieder – deutlich beispielsweise darin, dass viele schwer chronisch Kranke irgendwann auch depressive Störungen entwickeln, die dann behandelt werden müssen.

Glückliche sind auch nicht gesünder. Das kann laut dem Psychologen Ed Diener daran liegen, dass sehr positiv gestimmte Patienten Symptome auf die leichte Schulter nehmen, sich zu spät in ärztliche Behandlung begeben oder Anweisungen ihrer Ärzte nur halbherzig befolgen.

Der Knackpunkt ist jedoch auch hier die subjektive Wahrnehmung der eigenen Gesundheit. Für sie ist nur sehr schwer ein Richtwert anzusetzen, unterscheiden wir uns doch alle sehr in der Schmerzempfindung und -empfindlichkeit, aber auch in den Einstellungen gegenüber individuellen Beeinträchtigungen. Manche schätzen ihre eigene Gesundheit selbst dann noch relativ positiv ein, wenn sie dies objektiv betrachtet nicht mehr ist, und fühlen sich dadurch zwangsläufig besser als eine Person, die sich sehr auf ihre Gebrechen konzentriert. Gerade unter Kranken lässt sich ein eindrückliches Phänomen beobachten – sozusagen die negative Freude. Sie sind froh, wenn die Wirkung des Schmerzmittels eintritt und der Schmerz nachlässt. In anderen Worten ausgedrückt: Sie sind glücklich darüber, dass sich der eigentliche Normalzustand, das Freisein von Schmerz, wieder einstellt – ein Zustand, der für den Gesunden so normal ist, dass er ihn nicht unbedingt bewusst wahrnimmt. Dieser Prozess heißt auch negative Verstärkung. Er steht nicht nur für einen negativen Ausschlag der Gefühlskurve, wenn sich körperliche Beschwerden einstellen, sondern generell für ein Verhalten, durch das ein negativer Reiz entfernt wird.

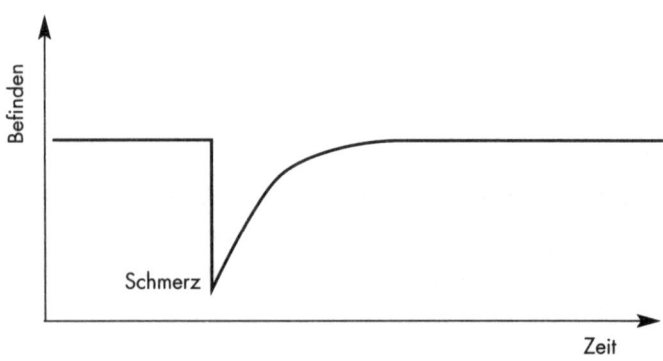

Abb. 6: Negative Verstärkung

Als Gegenpol zur negativen Verstärkung existiert die positive Verstärkung. Bei der positiven Verstärkung wird ein positiver Reiz hinzugefügt. Morphium beispielsweise kann beides: Es lindert den Schmerz, hebt aber auch über das Normalniveau hinaus, weil es außerdem berauschend wirken kann.

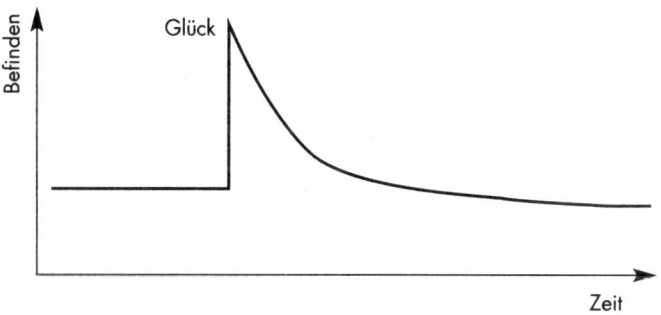

Abb. 7: Positive Verstärkung

Zufriedenheitsparadox nennen Wissenschaftler das Phänomen, dass sich widrige Lebensumstände gar nicht automatisch auf das subjektiv eingeschätzte Wohlbefinden beziehungsweise die subjektiv eingeschätzte Lebensqualität niederschlagen. Das hat Peter Herschbach von der Technischen Universität München eindrucksvoll belegt, indem er 30 Studien mit insgesamt 11000 untersuchten Menschen auswertete. Dabei zeigte sich: Krebserkrankte beispielsweise schätzten ihre Lebensqualität besser ein als viele Gesunde.

Selbst Todgeweihte empfinden durchaus Momente des Glücks. Nicht zuletzt sagen viele Kranke, dass ihnen ihr Leiden auch Positives gebracht habe – beispielsweise insofern, als sie ihr Leben intensiver lebten oder sich Beziehungen vertieft hätten. Der Mensch lebt nach dem Prinzip Hoffnung. Er kann sich immer wieder an neue Situationen

83

anpassen. Schon zuvor war die Rede vom individuellen Glücksniveau, auf das man sich immer wieder einpendelt. Das gilt aber auch für die Ausschläge in die andere, die negative Richtung. Selbst nach schlimmen Unfällen und anfänglichen Depressionen pendelt sich die Stimmungslage wieder auf das Mittelfeld ein. Deswegen sind Kranke meist auch nicht unglücklicher als Gesunde. 84 Prozent der Patienten mit vollständiger Lähmung an Armen und Beinen halten ihr Leben für durchschnittlich oder überdurchschnittlich. Ein wichtiger Aspekt dafür sind die Abwärtsvergleiche, die ja bereits im Kapitel zur Vergleichsgruppe zur Sprache kamen – oder anders ausgedrückt: Es findet sich immer noch jemand, dem es schlechter geht.

Ein perfekter (funktionierender) Körper ist also nicht unbedingt die Voraussetzung für ein gutes Gefühl, möglicherweise sogar für ein Glücksgefühl. Aber andersherum wirken wir über den Körper auch nach innen. Nicht ohne Grund empfehlen Ärzte Depressiven, Sport zu treiben und sich viel zu bewegen. Es ist übrigens keine Masche, die der Fitnesswelle geschuldet ist, sondern mehrfach wissenschaftlich bewiesen, dass ein sinnvolles Bewegungsprogramm die Psyche positiv beeinflusst. Und übrigens auch die Gesundheit, indem sie viele chronische Schmerzen lindern kann, oder sie erst gar nicht chronisch werden lässt, womit sich der Kreis wieder schließt: Anima sana in corpore sano.

Der gestresste Sportmuffel

Für den Zustand des Körpers sind zum Teil die Gene verantwortlich. Zu einem erheblichen Prozentsatz haben wir selbst Einfluss auf den Organismus. Der Mensch ist seit

Hunderttausenden von Jahren auf Bewegung programmiert. Sie war über lange Phasen der Menschheitsgeschichte nicht nur die Voraussetzung fürs Überleben, sie ist auch heute noch bedeutsam für den Grundbetrieb. Leider reicht dafür das wöchentliche Bewegungspensum im Durchschnitt nicht mehr aus. Optimal arbeitet der Organismus dann, wenn er etwa 2000 Kilokalorien pro Woche durch muskuläre Mehrarbeit verbrennen kann – darunter fällt jeglicher Kalorienverbrauch, der über das hinausreicht, was der Körper für alle körperlichen Prozesse braucht, beispielsweise die Körpertemperatur aufrecht zu halten oder genug Energie bereitzustellen, damit Gehirn (es benötigt 20 bis 30 Prozent), Herz oder Darm richtig arbeiten. Diese 2000 Kilokalorien entsprechen ungefähr vier Stunden Radfahren oder Spazierengehen pro Woche. Erst jenseits dieser 2000-Kalorien-Marke ist eigentlich von Sport im Sinne eines Zugewinns von verbesserter Fitness zu sprechen.

Dabei hilft Sport nicht nur Herz, Lunge, Muskeln und Knochen auf die Sprünge, er baut auch Stress ab – Stress aber wird von vielen heute als der hauptsächliche Hinderungsgrund für das Glück angesehen. Da gilt es, diesem zu unrecht ungeliebten Gefühl die Lanze zu brechen. Denn Stress ist eigentlich ein Geniestreich der Natur. Stress bewirkt, dass unser Körper zur Höchstform aufläuft. In Sekundenschnelle schießen Hormone wie Cortisol, Noradrenalin oder Adrenalin ins Blut. Der Puls und die Atmung beschleunigen sich. Zeitgleich fährt der Körper die Aktivität der Körperbereiche und damit deren Energiebedarf herunter, die in dieser Phase höchster Anspannung wenig hilfreich wären – die Verdauung beispielsweise.

Es war Stress, der das Fortbestehen der Gattung Mensch gesichert hat. Er ist an sich also eine durch und durch sinnvolle, positive Einrichtung. Unangenehm wird es erst dann, wenn der Stress nicht mehr nachlässt, wenn man dauerhaft unter Strom steht. Das Problem: Der Körper hat für den Stress kein oberes Limit eingerichtet, über das der Stressspiegel einfach nicht steigen kann. Das macht zwar insofern Sinn, als der Mensch auch in Gefahrensituationen so mit immer noch mehr Gefahrenquellen (jedenfalls theoretisch) umgehen kann. Doch irgendwann laufen sozusagen die Systeme heiß. Im schlimmsten Fall endet das in einem Burnout, in dem Gefühl völligen Ausgebranntseins. Oder aber rein organisch in einem Herzkollaps, einem Myokardinfarkt in Folge dauerhafter Überaktivität.

Allerdings gibt es in puncto Stress deutliche Unterschiede, die aber vielen gar nicht mehr bewusst sind. Stress, das bedeutet, man hat viel, vielleicht zu viel zu tun. Doch Stressforscher unterscheiden zwischen Eustress und Dystress. Eustress ist positiv. Er tritt ein, wenn wir beschäftigt sind – gerne auch sehr beschäftigt sind. Dann sind wir besonders wach und aufmerksam, besonders leistungsfähig. Dystress dagegen ist negativ. Er tritt ein, wenn uns das Gefühl der Überforderung überschwemmt, unser Adrenalinspiegel ansteigt, wir uns (unangenehm) angespannt fühlen.

Im Falle von Stress lautet die Devise oft: Angriff ist die beste Verteidigung. Denn nur wer Herausforderungen annimmt, entwickelt sich weiter. Beispielsweise im Beruf: Stehen wir hier vor einem Problem, das uns auf den ersten Blick unlösbar erscheint, laufen unkontrollierbare Stressreaktionen in unserem Hirn ab. Das setzt Einiges im Gehirn in

Gang. Beispielsweise werden Verschaltungen zwischen einzelnen Hirnzellen destabilisiert oder gar zerstört. Im schlimmsten Fall kann das eine Person völlig aus dem Gleichgewicht bringen, bis sie quasi entgleist. Aber das muss nicht immer negativ sein. Es kann das Denken, Fühlen und Handeln grundlegend umstrukturieren und auch optimieren. Und das ist eben nur möglich, indem alte Verknüpfungen im Gehirn zugunsten neuer gelockert werden. Wenn nun das Problem doch gelöst wird, entsteht aus dieser „Neuverschaltung" im Gehirn eine neue Ordnung, die Ausschüttung der Stresshormone versiegt. Stattdessen macht sich ein gutes Gefühl breit: Wir fühlen uns zufrieden, vielleicht auch stolz oder uns fallen Steine vom Herzen.

Reine Typsache: Hans im Glück oder Pechmarie?

Man kennt sie, die Sonntagskinder, die so entspannt durchs Leben gehen, als könnte ihnen nichts passieren – und in der Tat: Ihre Sorglosigkeit bewährt sich meist, denn in der Regel geht alles gut. Und noch viel mehr: Verglichen mit Menschen, die sich mit unnötigen Was-wäre-wenn-Szenarien herumschlagen, sind sie außergewöhnlich ausgeglichen und positiv denkend.

Der Psychologe Ed Diener von der University of Illinois hat sich unter wissenschaftlichen Gesichtspunkten besonders für solche Frohnaturen interessiert. Lange suchen musste er nicht nach ihnen: Er sah sich einfach das Naturell seiner Studenten genauer an. Erstaunlicherweise waren jedoch nicht die Überflieger die Glücklichsten der 200 untersuchten Studenten. Vielmehr waren es die eher Unauffälligen, die kaum Neurotischen und die einigermaßen, aber eben auch nicht deutlich Extrovertierten. Sie hatten weder mehr Geld (und damit geringere finanzielle Sorgen) noch mehr Erfolg an der Uni (und damit regelmäßige Erfolgserlebnisse), geschweige denn, dass sie sonderlich exzessiv lebten oder besser aussahen als ihre Kommilitonen. Es sind also nicht die einfachen äußeren Umstände, die Glückskinder zu dem machen, was sie sind. Vielmehr liegt das Geheimnis darin, wie sie mit dem, was ihnen begegnet, umgehen.

Dabei kommt den Glückskindern offenbar ein ganz herausragendes Talent zugute. Sie drehen sich ihre weniger positiven Erlebnisse einfach in der Weise zurecht, dass sie am Ende besser dastehen und so mit möglichst wenig negativen Gefühlen konfrontiert werden. Das bestätigen auch Untersuchungen der Psychologin Sonja Lyubomirsky. Sie überprüfte an der University of California in Riverside, wie glückliche Schüler mit Niederlagen umgingen, beispielsweise, wenn sie eine Absage auf eine Bewerbung an einem von ihnen favorisierten College erhielten. Prompt fanden die Sonntagskinder einen Platz an diesem College nach dem negativen Bescheid gar nicht mehr so unbedingt erstrebenswert. Ihre eher pessimistischen Altersgenossen dagegen nahmen sich eine Absage sehr zu Herzen und brauchten länger, bis sie sie verdaut hatten.

Die Glücksfähigkeit einer Person ist sicher zu einem bestimmten Maße auch eine Frage der Mentalität. Man mag annehmen, dass die Deutschen vielleicht einfach nicht die besten Anlagen zum Glücklichsein haben. Nicht umsonst finden sich im Duden Begriffe wie „Weltschmerz", die andernorts nicht existieren, während im Sanskrit ein Dutzend verschiedener Begriffe die Nuancen des Glücks genau umschreibt. Über dieses schwere Erbe könnte man sich vielleicht ärgern – aber das wiederum wäre ja typisch deutsch.

Dass nun die Deutschen so unzufrieden sind, ist an sich schon beinahe positiv: Die Messlatte hängt so hoch, eben weil es uns so gut geht. Der intellektuelle Standard der Bundesbürger ist verhältnismäßig gut. Je besser die Bildung, desto stärker werden Zusammenhänge erfasst und hinterfragt. Das ist einer der Gründe, warum Länder erst dann wirtschaftlich gedeihen, wenn ausreichend Schulen vorhanden sind. Doch der kritische Geist bewirkt eben auch, dass wir unser Leben kritisch beäugen und uns nicht mit der nächstbesten Lösung zufrieden geben.

Wir streben nach Höherem – im Guten wie im Schlechten. Zudem geht es den Deutschen zwar gut, aber eben nicht in einem so steilen Aufwärtstrend wie noch vor einigen Jahrzehnten. Ökonomisch ziehen viele Länder an Deutschland vorbei. Das Realeinkommen von Otto Normalverbraucher stagniert seit nunmehr 20 Jahren. Die Demokratie – ein wichtiger Faktor für das Glück – hat ebenfalls an Schlagkraft eingebüßt, denn die Parteiunterschiede sind für den Wähler kaum mehr zu erfassen. Dadurch geht der Reiz der freien Wahl verloren, stattdessen macht sich Politikverdrossenheit breit. Zudem entwickelt sich das Land weiter, aber es halten nicht alle Bereiche Schritt. Beispielsweise das Thema berufstätige Frauen: Sie wollen heute Familie und Beruf unter einen Hut bringen und die Karriere nicht den Männern überlassen, nur hinkt das Angebot an guter Kinderbetreuung hinterher.

Unabhängig davon, ob nun eine Person im vermeintlich glücksfeindlichen Umfeld Deutschlands aufgewachsen ist oder nicht: Auch das Erbgut spielt in der Entwicklung unseres Charakters eine Rolle. Ebenso wie sich Depressionen familiär häufen, liegen auch die Anlagen zum Glücklichsein in der Familie. Hier kommen die Gene ins Spiel. Psychologen der Universität Edinburgh und vom Queensland Institute for Medical Research in Australien haben 973 ein- und zweieiige Zwillingspaare befragt. Eineiige Zwillinge gleichen sich genetisch tatsächlich wie ein Ei dem anderen. Die anschließende Auswertung ihrer Daten zeigten, dass sich die Sonntagskinder unter den eineiigen Zwillingen bestimmte Merkmale teilten. Sie alle wiesen eine geringe Tendenz zu Neurosen auf, dafür Extrovertiertheit, Offenheit, Einvernehmen und Gewissenhaftigkeit.

Das ist nett zu wissen, nur ist die starre Vorstellung, dass alles genetisch festgelegt, und somit keine freie Entscheidung möglich sei, mittlerweile überwunden. Ist jemand also nicht mit dem optimalen genetischen Rüstzeug auf die Welt gekommen, hat er deshalb noch lange nicht geringere Aussichten auf Glück, als der erblich bestens Ausgestattete, der mit seinen glücklichen Anlagen nichts anzufangen vermag. Aber das bedeutet natürlich nicht, dass die genetische Mitgift ohne Bedeutung ist. Nur hängt das Zutrauen, mit dem ein Mensch in die Zukunft blickt, letztlich davon ab, wie positiv sein frühes Umfeld Herausforderungen anpackte und Krisen bewältigte und wie gut und stabil Kindheit und Jugend verlaufen sind. Im statistischen Mittel sind Mädchen zum Beispiel sehr viel glücksbegabter als Jungen.

Egal, ob man durch Erbfaktoren so gepolt ist oder sich selbst eine positive Einstellung zum Leben erarbeitet hat:

Ein auf lebensbejahende Einstellung getrimmtes Gehirn aktiviert andere Areale und reagiert intensiver auf positive Reize als ein auf negative Gedanken trainiertes, zeigte der Neurologe Richard Davidson. In seinem Versuch konzentrierten sich unglückliche, zögerliche Menschen verstärkt auf die negativen Sequenzen eines Films und litten eher mit. Frohnaturen achteten dagegen besonders auf die positiven Szenen und freuten sich mehr über die lustigen Momente. Auch bei Babys lassen sich die unterschiedlichen Reaktionen des Gehirns bereits nachweisen.

Die Ratgeber raten deswegen zu diversen Verhaltensänderungen, die für ein sonnigeres Gemüt sorgen sollen. Zum Beispiel nicht zu versuchen, sich zehnmal hintereinander an einem schönen Sonnenuntergang zu erfreuen, weil sich der Reiz abnutzt. Oder aber, sich von Dingen zu verabschieden, die verhindern, dass der Glückspilz in uns zum Vorschein kommt. Oder vielleicht, eigene Talente zu entdecken, die ein Flow-Gefühl ermöglichen könnten.

Das ist leichter gesagt als getan, denn wie macht man aus einem ganz und gar passiven Menschen, der eher klagt als aktiv ist, einen positiv Zupackenden? Es ist wie mit psychischen Krisen. Wäre es dem Patienten so einfach bewusst zu machen, warum er anders tickt, wären die Praxen leerer. Einem depressiven Menschen ist genauso schwer klarzumachen, dass das Leben lebenswert und alles halb so schlimm ist, wie es bestimmt nicht funktionieren wird, einem Kollegen, der Kritik nicht annimmt, seine mangelhafte Kritikfähigkeit vorzuwerfen. Insofern hilft alles nichts: Hat man nicht die besten Anlagen zum Glückskind, sollte man sich nicht grämen. Das ist dem Glücksgefühl nämlich ganz sicher ganz und gar abträglich.

3. Schattenseiten der Sonnenseiten

Das „Gehirnstübchen" ist ein wenig wie unsere Wohnung: Wenn sie nach einem wilden Fest chaotisch und überfüllt aussieht, hat das für den Moment der Party seinen Reiz. Dennoch werden wir am nächsten Tag möglichst schnell den Ausgangszustand wiederherstellen, um uns in den eigenen vier Wänden wieder wohl zu fühlen. Und womöglich sieht es dann (jedenfalls kurzzeitig) ordentlicher aus als zu dem Zeitpunkt, bevor die Horde Gäste sie auf den Kopf gestellt hat. So lange, bis sie wieder den für uns typischen alltäglichen Ordnungsgrad erreicht.

Genauso ist es auch mit unserem Gehirn, nur dass es den Putzdienst ganz von allein übernimmt. Denn egal ob wir unser „Fest im Kopf", das Freudengefühl, durch ein Erfolgserlebnis, durch ein harmonisches Treffen mit Freunden, durch einen Kick oder eine überwundene Gefahrensituation oder sogar durch Drogen erlebt haben: Immer kommen Prozesse in Gang, die wie eine Art psychohygienische Schutzmaßnahme funktionieren. Das heißt: Alle Gefühle pendeln sich über kurz oder lang wieder auf einem individuellen Mittelwert – also den einigermaßen aufgeräumten Zustand im Hirnstübchen – ein. Das Gehirn verfolgt dabei das Motto: Je schneller wieder Ordnung herrscht, desto besser. Aus diesem Grund hält das emotionale Hoch, ein bunt gemischter Cocktail an Hormonen, nur kurze Zeit an.

Es gilt dabei generell: Je höher der Ausschlag auf der Glücksskala, desto schneller sorgt das Gehirn wieder für den Ausgangszustand.

Alle stärkeren Emotionen werden so entschärft. Diesen Prozess nennt man auch hedonistische Adaption. Diese pendelt Glücksgefühle im Normalfall wieder auf ein ausgeglichenes Niveau ein. Was klingt, als sei die Natur ein Spielverderber, die dem Menschen dauerhafte Gefühlshochs missgönnt, hat eine durchaus schützende Wirkung: Nur so verkraftet die Psyche schwere Schicksalsschläge. Oder anders gesagt: Das Gehirn meint es nur gut mit uns, wenn es uns vor dauerhaften Gefühlen wie einem andauernden Gefühlshoch beschützt. Denn in die andere Richtung funktioniert es genauso.

Nun ist es eine seltsame Sache, dass der Mensch freiwillig Situationen eingeht, die das Risiko für einen schweren Schicksalsschlag drastisch heraufsetzen und er sich seine Portion Glückshormone per Kick, gefährlichem Abenteuer oder gar Drogen selbst beschert. Das hat im Grunde eine ganz einfache Ursache.

Kick: Der Reiz am Nervenkitzel

Der Kick steht nicht sonderlich hoch in der allgemeinen Gunst – als schnelllebiges Gefühl hat er keinen guten Ruf, vor allem in der älteren Generation. Der Kick, das ist das, was Halbwüchsige suchen, wenn sie Unfug treiben oder sonst etwas vermeintlich Sinnloses tun: Grafitti sprayen beispielsweise, immer in Gefahr, erwischt zu werden. U-Bahn-surfen und dabei das Leben riskieren. Oder sich völlig sinnfrei in die Tiefe stürzen wie beim Bungee-Jumping. Doch damit wird man dem Gefühl nicht gerecht.

Der Kick – das ist ein Gefühl von Spannung und großer Aufregung mit anschließender Euphorie. Aber nicht nur extreme Aktionen bringen den Kick. Die Suche nach diesem Gefühl geht viel weiter, als der erste Eindruck vermittelt, sie durchdringt alle Altersklassen und betrifft viele der favorisierten Hobbys. Denn Kicksuchende sind im Klettergarten ebenso zu finden wie beim Schachturnier, beim Pokerspielen – oder beim sonntäglichen Fernsehabend mit dem „Tatort".

Angstlust, der Spaß an der Spannung, heißt der mögliche Motor für all diese Aktionen. Prinzipiell steckt ein und derselbe Antrieb hinter den Taten, die ein solches Gefühl hervorrufen können, von einem spannenden Krimi angefangen bis hin zum Adrenalinkick eines Sprungs vom Zehn-Meter-Brett: Wenn wir eine Angstsituation unbeschadet überstehen, springt unser Belohnungszentrum an. Angstlust – der „thrill" – entsteht dann, wenn ein Mensch eine reale äußere Gefahr wahrnimmt und sich ihr bewusst aussetzt.

Angstlust
Die Angstlust ist ein Ansatz, der sich auf Sigmund Freud stützt. Entwickelt hat die These jedoch der britische Psychoanalytiker Michael Balint.
Angstlust bedeutet, dass sich eine Person freiwillig in Gefahr begibt. Dabei geht sie davon aus, dass alles gut gehen wird. Der Reiz laut Michael Balint ist dabei, dass man einerseits Sicherheit aufgibt, um sie anschließend wieder zu erlangen. Michael Balint bezeichnet die Grundelemente dieses Gefühls als eine „Mischung von Furcht, Wonne und Hoffnung angesichts einer äußeren Gefahr".

Wenn nun also manche Menschen den Kopf schütteln über waghalsige und vermeintlich sinnlose Aktionen, die den speziellen Thrill schenken sollen, und sich stattdessen behaglich auf der Couch dem 20:15-Uhr-Krimi zuwenden, tun sie im Prinzip nichts anderes. Denn für die nächsten eineinhalb oder zwei Stunden gehen sie auf Verbrecherjagd – oder begeben sich alternativ auf die Flucht vor den Fängen der Justiz, je nach Film und Identifikationsfigur.

Nach Auskunft des Börsenvereins des Deutschen Buchhandels handelt es sich um eine gleich bleibend große und treue Fangemeinde, die das Abenteuer in Form von Krimis und Thrillern sucht. Der Marktanteil von Krimis macht fast ein Viertel der Belletristik aus – und nimmt damit Rang zwei der Literatursparten ein. Was nun verleitet den Menschen dazu, sich lustvoll über Stunden hinweg mit Thomas Harris' Serienmörder Hannibal Lecter und seinen brutalen Abartigkeiten zu konfrontieren, während er über den in den Medien „Kannibale von Rotenburg" genannten Täter, der sein Opfer mit dessen Einwilligung tötete und teilweise verspeiste, entsetzt den Kopf schüttelt? Der Tatort zieht Sonntag für Sonntag acht bis neun Millionen Zuschauer in seinen Bann, die sich dann berieseln lassen mit Kindsmord, Rachedelikten oder Raubmorden.

Eine mögliche Erklärung findet sich in den verschiedenen Gesichtern der Angst. Angst löst nicht nur Fluchtgedanken aus, sondern hat nebenbei auch noch einen hohen Unterhaltungswert. Wer mit Protagonisten eines Krimis oder Thrillers mitfiebert und am Ende – natürlich – das „Erlebnis" unbeschadet übersteht, dessen Hirn aktiviert das Belohnungssystem, so als wären wir selbst dem Täter entwischt oder hätten ihn erfolgreich gestellt. Frei nach

Winston Churchill: Nichts im Leben löst ein größeres Hochgefühl aus, als beschossen und nicht getroffen zu werden.

Dabei macht nicht erst der gute Ausgang Spaß, sondern bereits das Sehen oder Lesen eines Krimis. Denn das Gehirn belohnt schon währenddessen mit Glückshormonen für die Aufregung – ständig im Bewusstsein, nicht wirklich in der Schlusslinie zu stehen. Das ist ein ähnlicher Effekt wie beim Lottospielen: Allein die bange Erwartung der Lottozahlen löst gute Gefühle aus.

Das Belohnungssystem ist so stark, dass es in vielen Fällen über die Vernunft siegt. Jedem ist bewusst, dass es eigentlich sinnlos ist, sich an Mord und Totschlag frei erfundener Figuren zu beteiligen oder wahlweise in einen Lottoschein zu investieren, der mit der größten Wahrscheinlichkeit keine Treffer enthält. Aber ein solches Vernunftwesen ist der Mensch (in der Regel) nicht. In manchen Fällen gesellt sich zu dieser menschlichen Unvernunft noch eine weitere: Aus diesem Grund begeben sich Schaulustige oft selbst in Lebensgefahr. Die Vernunft tritt in den Hintergrund, einzig die Erwartung des Grusels regiert das Tun. Der Effekt ist umso stärker, je näher ein Ereignis ist. Je unmittelbarer er miterleben und mitfühlen kann, desto stärker die Wirkung. Der Mord in der Nachbarschaft beispielsweise bewegt mehr als ein Mord auf einem anderen Kontinent.

Mit der Angstlust allein ist es aber nicht getan. Zum Kick des Fürchtens kommt das Aha-Erlebnis hinzu, wenn sich, wie in einem Krimi, der Fall schließlich aufklärt. Diese Erkenntnis kann wie eine erfolgreich gelöste Aufgabe wiederum Glücksgefühle auslösen – der Heureka-Effekt tritt ein.

Heureka-Effekt

Sicherlich kennen Sie Wicki, den kleinen Wikinger. Er ist die Personifizierung des Heureka-Effekts: Er löste seine Probleme nicht wie die Männer um ihn herum mit Muskelkraft, sondern durch Grips. Wäre er im alten Griechenland geboren, hätte er wahrscheinlich jedes Mal die Verkündung seiner Einfälle mit „Heureka – ich hab's!" angekündigt.

Die Erleichterung, Überraschung, die Freude und der Stolz über die gelöste Aufgabe entstehen, weil das Gehirn die Glückschemie in Gang setzt. Evolutionär betrachtet macht dieser Mechanismus Sinn. Wir lösen nur Aufgaben, wenn es uns Spaß macht. Aufgaben müssen wir lösen, um uns weiterzuentwickeln. Wir lösen umso mehr Aufgaben, wenn wir wissen, dass das Spaß macht.

Die Anekdote zum Heureka-Erlebnis überliefert, dass Archimedes von Syrakus von der Entdeckung des Archimedischen Prinzips in der Badewanne so überwältigt war, dass er nackt und laut „Heureka" rufend durch die Stadt rannte. Sie müssen bei Ihren Entdeckungen oder Erkenntnissen allerdings nicht unbekleidet durch die Straßen laufen.

Dass der Kick häufig vor allem mit dem Sport in Verbindung gebracht wird, kommt nicht von ungefähr. Gut bekannt, jedenfalls vom Hörensagen, ist das sogenannte „Runners High" – das Hochgefühl, das sich bei einigen Langstreckenläufern einstellt, wenn sie ihre körperlichen Grenzen ausreizen. Dieses Gefühl ist kein Mythos: Eine Studie des Münchner Klinikums rechts der Isar zeigte, dass der Endorphinausstoß während Dauerläufen tatsächlich besonders hoch ist. Die Endorphine arbeiten wie körpereigene Opiate und dämpfen den Schmerz. Nebenbei lösen sie ein angenehm berauschtes Gefühl aus.

Weniger sportlich Ambitionierte betrachten das häufig mit leichtem Unverständnis. Sollten sie allerdings die Sportschau einschalten, nähern sie sich diesem Gefühl aus der anderen Richtung an. Denn der Kick und das Spiel mit der Gefahr faszinieren: Wir sehen zu, wie sich Skifahrer mit 100 km/h die Hänge hinabstürzen. Dabei können sie sich, das zeigen traurige Fälle, lebensgefährlich verletzen. Oder wir beobachten dramatische Crashs in der Formel 1 – oder halsbrecherische Abfahrten auf glitschig nasser Fahrbahn beim Radrennsport – Sturzgarantie inklusive.

Die Suche nach dem Kick kann – muss aber nicht notwendigerweise mit Gefahr verbunden sein. Doch manche Abenteurer suchen den lebensgefährlichen Nervenkitzel ganz gezielt.

Gefahr: Evolutionärer Kunstgriff

Grenzen!? Ich habe niemals Grenzen gesehen.
Thor Heyerdahl, Pazifikreisender mit dem Floß Kon-Tiki, 1947

Die Evolution hat uns über Jahrtausende hinweg mit immer weiter optimiertem Rüstzeug versehen, um die Zeit mit all ihren Widrigkeiten zu überdauern. Dazu gehört auch die Fähigkeit, möglichst sichere Lösungen zu finden, so dass die Gefahr für das eigene Leben – und im Idealfall auch für die eigene Sippe – gering bleibt. Und was tut der Mensch heute, statt auf all die Errungenschaften zurückzugreifen und das sichere Terrain nicht zu verlassen? Er verlässt es aus freien Stücken und begibt sich dadurch nicht nur selbst in Gefahr – er sucht sie geradezu.

Natürlich hängt die Einschätzung der tatsächlichen Gefährdung in einer bestimmten Situation immer auch vom Blick des Betrachters ab. Ein Segler, der nicht nur sein Boot, sondern auch Wind, Wetter und Strömungen genau kennt, wird sich über eine steife Brise freuen – erst dann beginnt es für ihn, wirklich interessant zu werden. Ein weniger versierter Wassersportler gerät in der gleichen Situation aber möglicherweise schon in eine lebensbedrohliche Seenot.

Das Erkunden der eigenen Grenzen unter Inkaufnahme großer Gefahren ist kein Phänomen der Neuzeit. Nehmen wir Alexander von Humboldt, dessen Abenteuerlust wir bis in die Gegenwart viele Erkenntnisse verdanken. Nach heutigen Maßstäben ist es unvorstellbar, wie die Forschertruppe Anfang des 19. Jahrhunderts Südamerika erkundete. Unter enormen Entbehrungen und immer auf Kosten der Gesundheit ließen sich der Naturkundler und seine Männer nicht stoppen und kämpften sich sogar in die unerschlossenen, dampfig-warmen und oft genug lebensfeindlichen Tiefen des Amazonasdeltas vor. Fast wäre es Humboldt mit seinen Begleitern Bonpland und Montúfar auch geglückt, den 6310 Meter hohen Vulkan Chimborazo zu besteigen. Kurz unterhalb des Kraterrands zwang sie eine unüberwindbare Eisspalte zur Umkehr. Festes, wasserdichtes Schuhwerk, gute Sicherung und wärmende Daunenjacken waren zu dieser Zeit noch in weiter Ferne. Und wieso all diese Strapazen, die Krankheiten und Entbehrungen? „Auf das Zusammenwirken der Kräfte, den Einfluss der unbelebten Schöpfung auf die belebte Tier- und Pflanzenwelt, auf diese Harmonie sollen stets meine Augen gerichtet sein!", hätte Humboldt darauf wohl geantwortet.

Manchmal sind die Augen derjenigen, die an ihre Grenzen gehen und Gefahren auskosten, aber auch nach innen gerichtet. Dann geht es weniger darum, wie Humboldt im „Dienste der Menschheit" die Welt zu entdecken, als vielmehr darum, die eigenen Möglichkeiten auszuloten. Das eine mag heroischer daherkommen als das andere – letztendlich entsteht aber beides aus demselben inneren Trieb heraus. Humboldt wurde von niemandem dazu gezwungen, seine Reisen auf diese Art durchzuführen – im Gegenteil: Manch einer hätte ihn gerne zeitiger wieder zuhause gesehen, seine Reisebegleiter allemal. Aber möglicherweise sah er es als seine Berufung an, die Welt zu erkunden. Sein Entdeckungsdrang geht über die Neugier hinaus, sein Wissensdurst hing sicherlich auch mit der Bedeutsamkeit seiner Expeditionen zusammen. Und nicht zuletzt machten ihn seine Wagnisse zum Nationalhelden, auf dem ein enormer Erfolgsdruck lastete. Und wahrscheinlich bereitete ihm jede neue Erkenntnis nicht nur Freude, sondern die überstandenen Gefahren, neudeutsch gesprochen, auch einen Kick.

Genauso geht es auch denjenigen, die von vielen für ihre Aktionen eher Unverständnis ernten. Extremkletterer zum Beispiel kämpfen sich durch die unwirtlichen Gebiete dieser Erde, zum Beispiel durch das arktische Nordostkanada. Bis zu Minus 35 Grad Celsius sinkt das Thermometer dort. Nicht nur die eigentlichen Besteigungen sind kräftezehrend, auch der Weg zurück in die Zivilisation aus eigenem Antrieb ist es. Dennoch: „Worte können das Gefühl, das wir in diesem Moment empfinden, nicht beschreiben", schreibt der deutsche Extremkletterer Stephan Glowacz am Tag einer solchen Rückkehr in sein Tagebuch. „Dieser Augenblick der Rückkehr ist ein wesentlicher Grund dafür, warum wir immer wieder zu neuen Abenteuern aufbrechen. Jeder erlebt ihn ganz anders, ganz für sich allein, ganz tief in sich drin."

Warum also gehen Menschen bis an den Rand der Erschöpfung und darüber hinaus, warum segeln sie zum Nordpol, wo es eigentlich außer gelegentlichen Eisbergen gar nicht so viel zu sehen gibt?

Interessanterweise hat Mihaly Csikszentmihalyi den Flow-Begriff (siehe Kapitel 2) ursprünglich für Risikosportarten entwickelt, denn gerade an ihnen lässt sich die Hingabe an eine Sache gut beobachten.

Die Abenteuerlust ist tief im Gehirn verankert – und ebenso die beständige Suche nach neuen Erfahrungen und neuen Eindrücken. Ansonsten würde der Mensch immer nur die Alternative wählen, die sich bereits bewährt hat. Aber weil er unweigerlich immer wieder danach strebt, das Belohnungszentrum im Gehirn zu aktivieren, fällt die Wahl gelegentlich auch einmal auf das Neue, noch nicht Erprobte. Gehirnscans zeigten, dass das Belohnungszentrum immer dann besonders aktiv war, wenn die Probanden sich auf das Spiel mit etwas Unbekanntem einließen. Auch in einem entwicklungsgeschichtlich sehr alten Areal des Gehirns, im vorderen Großhirn, zeigte sich verstärkte Aktivität. Experten gehen davon aus, dass die Hirnprozesse die Aktivität im Belohnungszentrum anstoßen – und zwar immer dann, wenn wir etwas Neues ausprobieren.

Folglich reicht die Art und Weise, mit Gefahren umzugehen – und darauf weist dieses Untersuchungsergebnis
hin –, bis in die menschliche Frühgeschichte zurück. Für
alle Lebewesen gilt: Nur durch das Ausprobieren konnten
sie Neues entdecken, neue Lebensräume erschließen,
aber auch neue Nahrungsmittel dazu gewinnen. Diesen
Effekt macht sich das Marketing übrigens längst zunutze:
Um neues Interesse an einer Marke zu wecken, verändern
sie immer wieder die Verpackung, manchmal sogar den
Namen.

Das sogenannte „sensation seeking behavior" beim
Bergsteigen, Fallschirmspringen oder Wildwasser-Rafting
haben manche Wissenschaftler bereits mit einem niedrigen Endorphinspiegel in Verbindung gebracht. Ihr Ansatz
lautet demnach: Um den Endorphinspiegel auf ein dem
Durchschnitt entsprechendes Niveau zu bringen, suchen
diese Menschen verstärkt das Abenteuer, während andere
weniger und vor allem weniger intensive (in diesem Fall
gefährliche) Stimuli brauchen. Meist handele es sich eher
um Extrovertierte, deren Grad der Stimulation später erreicht wird als der von eher Introvertierten. Diese These ist
aber bis jetzt noch rein spekulativ und empirisch noch
nicht belegt.

Gefahren werden von Menschen, die sich ihnen ausset-
zen, durchaus individuell beurteilt. Viele, die einmal eine
gefährliche Herausforderung angenommen haben, suchen
den Reiz immer wieder aufs Neue. Wer beispielsweise beim
Bergsteigen eins ums andere Mal sein Glück herausfordert,
und trotz bereits überlebter Gefahren- und Extremsituationen immer wieder herausfordert, der zeigt Anzeichen, die
fast denen einer Sucht gleichkommen.

Sucht: Euphorisch in die Sackgasse

Sucht – das ist ein Zustand, der über den Verstand nicht mehr steuerbar ist. Ebenso wenig wie sich ein „Adrenalin-junkie" von waghalsigen Aktionen abhalten kann, obwohl der reine Menschenverstand ihm vielleicht sagt, dass sie sowohl überflüssig als auch unsinnig sind, kann der Alko-holabhängige die Flasche Bier stehen lassen, weil er es ver-nünftiger findet – oder der Heroinsüchtige sich aus Sorge um seine gute Gesundheit einfach so den nächsten Schuss verkneifen.

Im Gegenteil: Kennzeichen einer Sucht ist, dass ihr alle anderen Bedürfnisse untergeordnet werden. Selbstbestim-mung, soziale Kontakte, Gesundheit, Finanzen – all das rückt in den Hintergrund. Selbst wenn der Süchtige dies ei-gentlich gar nicht will, er kann nicht anders. Die WHO stuft die Abhängigkeit deswegen als Krankheit ein und nicht als Charakter- oder Willensschwäche.

Süchte sind im Prinzip alle gleich – egal, ob nach Ni-kotin, Konsum oder Sex. Das Hirn belohnt immer auf die-selbe Art und Weise: mit Dopamin und Serotonin. Aber immer ist der Höhenflug nur von kurzer Dauer. Denn das Gehirn räumt gleich nach dem Hormonrausch wieder auf, es zieht Dopamin schnell und mehr aus dem Verkehr, als ausgeschüttet wurde. Das Stimmungstief am Tag darauf lässt sich unter anderem so erklären. Das liegt daran, dass das Gehirn es am liebsten ausgeglichen mag, Höhenflüge schätzt es nicht so sehr. So entstehen Süchte: Man will das Erlebte wiederholen, immer und immer wieder hoch hinaus.

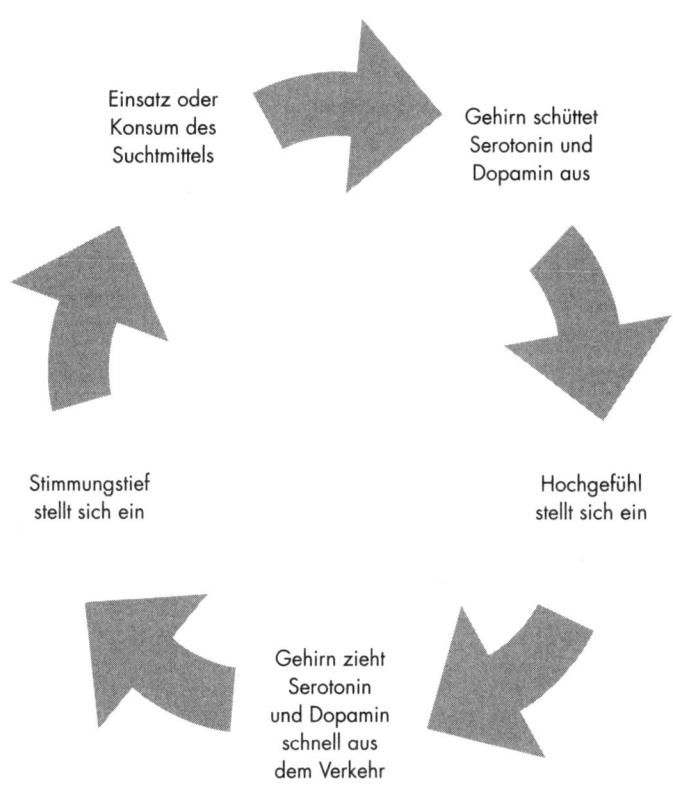

Einsatz oder
Konsum des
Suchtmittels

Gehirn schüttet
Serotonin und
Dopamin aus

Stimmungstief
stellt sich ein

Hochgefühl
stellt sich ein

Gehirn zieht
Serotonin
und Dopamin
schnell aus
dem Verkehr

Abb. 8: Zirkel der Suchtentstehung

Drogen sind ein gesellschaftliches Problem. Wie gesell-
schaftlich, zeigt ein Blick auf die Generationen: Den Kick
durch Drogen holt sich jede offenbar auf andere, jeweils
„zeitgemäße" Art und Weise. Und so hat jede Pille ihr Jahr-
zehnt. In der Zeit nach dem Zweiten Weltkrieg griff man
besonders häufig zur Valiumtablette, um die Welt hin und
wieder in Watte zu packen. „Mother's little Helper" nann-
ten die Rolling Stones die Pillen in einem ihrer Songs.

Heute sind sie längst zu „Grandmother's little Helper" geworden. Alte Frauen sind heute die größte Risikogruppe beim Missbrauch von Schlaf- und Beruhigungsmitteln, häufig völlig ohne eigenes Problembewusstsein oder dem von Pflegepersonal oder Angehörigen, denn die Tabletten haben Suchtpotenzial.

In den 60er Jahren kamen bewusstseinserweiternde Pillen in Mode. Zu den temporeichen 80er Jahren passten Kokain und Speed. Im Spaßjahrzehnt der 90er Jahre machte Ecstasy pausenlose Partys möglich.

Heute geht es weniger darum, sich zu vernebeln, sondern vielmehr wach und leistungsstark und dabei guter Dinge zu sein. Kein Wunder, dass Antidepressiva, besonders die Serotonin-Wiederaufnahmehemmer, SSRI, auch bei Gesunden im Trend sind. Die USA, die in diesen Dingen häufig eine unselige Vorreiterrolle übernehmen, zeigen, was im neuen Jahrtausend ankommt: Das hierzulande kaum eingesetzte Antidepressivum Prozac gilt als Glückspille. Die Pharmaindustrie profitiert von diesem Boom und produziert Lifestyle-Psychopharmaka. In den USA wollten 2005 24 Millionen Menschen solche „Glückspillen" verschrieben bekommen. 70 Prozent erhielten sie auch tatsächlich, darunter auch viele Kinder. Das ist tückisch, denn es ist das einzige Medikament seiner Gruppe, das einen spürbaren Effekt zeigt. Arzneien mit vergleichbarer Wirkung enttäuschen die Patienten oft, denn sie bekommen nicht das, was sie sich versprochen haben: Sie wirken völlig ohne euphorisierenden oder anderweitig angenehm fühlbaren Effekt. Ihr Suchtpotenzial deshalb: gleich null.

Es geht dabei nicht nur um Suchtmittel und deren Missbrauch. Auch das Glücksspiel folgt dem gleichen Ablauf. Eine Forschergruppe des Universitätsklinikums Hamburg-

Eppendorf hat nachgewiesen, dass die Gehirne süchtiger Spieler ähnliche Veränderungen aufweisen wie jene von Drogenabhängigen: In beiden Fällen zeigt das „Belohnungszentrum" des Gehirns Auffälligkeiten. Bei den Spielsüchtigen war das Belohnungssystem, der Nucleus accumbens, deutlich weniger aktiv. Je stärker die Spielsucht ausgeprägt war, desto geringer fiel die Aktivität im Belohnungssystem aus. Vielleicht liegt die Sucht daran, dass dieses Areal auf angenehme Dinge, beispielsweise essen, Sex oder Erfolg im Beruf, nicht so gut reagiert wie das eines Nichtsüchtigen. Um überhaupt das schöne Gefühl zu erfahren, fordert es stärkere Reize.

Leider gehen Süchte auch mit Entzugserscheinungen einher. Sehr bald schließt sich der Teufelskreis: Dann geht es nicht mehr um das Glücksgefühl, sondern hauptsächlich um das Vermeiden von Entzugserscheinungen. Dann stellt sich nicht einmal mehr ein sozusagen negatives Glück ein, sondern ein Glücksgefühl ist nicht einmal mehr durch die Droge möglich, es geht nurmehr darum, die Entzugssymptome zu dämpfen.

Physiologische Glücksgefühle stellen sich erst wieder ein, wenn der Süchtige Entzug und Entwöhnungsbehandlungen überstanden hat. Dazu muss das Gehirn lernen, auf seine tägliche Serotonindosis zu verzichten. Soll die Abstinenz dauerhaft sein, muss der Abhängige Möglichkeiten finden, sich ohne seine Droge Reize zu schaffen, die einen leichten Serotoninkick versprechen, ohne das Hirn im Anschluss zu groß angelegten Aufräumaktionen anzuregen. Nur so – und das gilt auch für Nicht-Süchtige, lässt sich ein gutes Gefühl sehr viel länger halten, konservieren jedoch lässt es sich nicht, weder auf natürlichem Wege noch über Drogen.

Der Antrieb: Das Belohnungszentrum, unser „Glücksmotor"

Die letzten Kapitel haben es gezeigt: Was wir als Glück empfinden, hat viel mit der Aktivierung des Belohnungszentrums zu tun. Das Belohnungszentrum ist aber – zumindest bei manchen Menschen – auch in Verbindung mit wenig positiven Verhaltensweisen aktiv. Häme und Schadenfreude sind solche Fälle, aber auch Dominanz über andere, ja sogar gewalttätiges Verhalten kann gut Gefühle freisetzen.

Besser ist es jedoch, man findet andere, individuell geeignete Wege, um ein gutes Gefühl zu erlangen. Dass der schnelle Weg, beispielsweise über Drogen, nicht dauerhaft zum Glück führt, ist bekannt.

Sinnvoller ist es, sich an der folgenden Grafik zur Dauer einzelner Glücksgefühle zu orientieren. Nur ist es leider so: Die am längsten andauernden positiven Stimmungen sind am schwersten zu erreichen. Die Glückseligkeit beispielsweise mögen vielleicht buddhistische Mönche erlangen, für den normalen Menschen mit einem normalen Alltag ist sie kaum zu erreichen. Anders sieht es da schon mit der Vorfreude, der Heiterkeit und der Zufriedenheit aus. Übrigens: Wer jetzt schon wieder daran denkt, eine Abkürzung zu nehmen, muss enttäuscht werden: Viele Kicks, aneinander gehängt, geben noch kein langes Glücksgefühl. Denn das Erleben schwächt sich von Mal zu Mal ab. Ein Fallschirmsprung ist beim ersten Mal sehr aufregend. Der 500. Sprung ist aber schon längst zur Routine geworden.

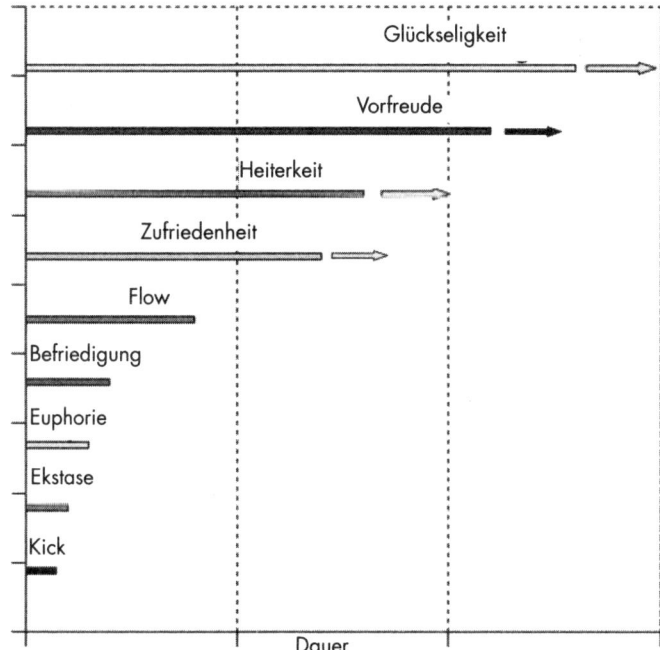

Abb. 9: Verschiedene Glücksgefühle im zeitlichen Vergleich

4. Glück als Symptom

Stellen Sie sich vor, Ihr Gehirn nimmt es mit der Ordnung nicht so genau (siehe Kapitel 3). Es feiert gerne auch mal rauschende Feste, ohne sofort das Chaos des Gefühlsüberschwangs zu beseitigen – sprich: das Gehirn wieder von den Glückshormonen zu reinigen und den ausgeglichenen Ausgangszustand im Kopf wieder herzustellen. Klingt toll, sagen Sie?

Einen Fall, bei dem das nicht funktioniert hat, kennen Sie bereits mit dem Patienten von Oliver Sacks, eingangs beschrieben. Bei ihm jedoch war das Dauerhoch medikamentös induziert. Aber es gibt heute auch Fälle, wo der Vorläufer des Dopamins, L-Dopa, durchaus hilfreich ist. Das ist zum Beispiel bei Parkinsonkranken der Fall. Parkinson ist eine langsam fortschreitende neurologische Erkrankung. Als Ursache gilt ein Dopaminmangel, weil die Nervenzellen im Gehirn, die den Botenstoff produzieren, absterben. Auch andere Neurotransmitter sind schließlich nicht mehr in den Mengen im Gehirn, wie das bei Gesunden der Fall ist – das betrifft zum Beispiel Serotonin oder Noradrenalin. Patienten, die mit L-Dopa behandelt werden, sind im Anschluss daran oft überbeweglich oder zeigen häufig ein geradezu exaltiertes Glücksempfinden. Leider kann das Medikament die Krankheit aber nicht dauerhaft stoppen. Sind irgendwann zu viele Nervenzellen zerstört, hilft auch künstlich zugefügtes Dopamin nicht mehr weiter. Immer besteht auch die Gefahr, die Impulskontrolle zu verlieren. Das kann zu Verhaltensstörungen führen, beispielsweise einer Spielsucht, aber auch zu Kaufrausch oder zur Hypersexualität, der „Sexsucht".

Nun gibt es die Menschen, bei denen das Gehirn nicht so funktioniert wie im Normalfall. Sie sind sozusagen „von Natur aus" leichter zu erfreuen und begegnen ihrer Umwelt, aber auch sich selbst, mit weniger Skepsis. Sie sind also offensichtlich glücklicher – aber auch gesund und selbstständig lebensfähig?

Trisomie 21

Menschen ohne Macke sind Kacke.

Bobby Brederlow

Bobby Brederlow ist kein Unbekannter. Genau genommen ist er Schauspieler, ein wenig Künstler und arbeitet in einer Werkstatt für Menschen mit Behinderungen. Sein Gesicht ist bekannt – aus der Kampagne „Du bist Deutschland", aus Spots der „Aktion Mensch" und aus einigen Filmen. Dabei spielte er jedes Mal sich selbst: Einen kleinen Mann mit runder Brille und Baseball-Cap. Immer wirkt er fröhlich und gut gelaunt. Er erobert die Herzen seiner Schauspielkollegen im Sturm, hat seinen eigenen Kopf – und Trisomie 21, bzw. das Down-Syndrom.

1866 beschrieb der Neurologe und Apotheker John Langdon-Down erstmals ein Krankheitsbild, das sich von allen anderen Krankheiten und Behinderungen abgrenzte. Er lehnte seine Bezeichnung Mongolismus wegen der charakteristischen runden Gesichter und der mandelförmigen Augen an die mongolische Volksgruppe an. 1959 dann erkannte der französische Genetiker Jérôme Lejeune die Ursache: die sogenannte freie Trisomie 21 – jede Zelle im Körper der Betroffenen hat 47 statt, wie normal, 46 Chromosomen.

Unter Neugeborenen ist die Trisomie 21 die häufigste Erbgutveränderung. Je nachdem, wie alt die Mutter ist, liegt die Quote bei 1:500 bis 1:800 für ein Kind mit Down-Syndrom. Jungen trifft es häufiger als Mädchen. Meist sind Kinder, die diese Gen-Anomalie tragen, geistig behindert, in den meisten Fällen aber nur leicht. Das heißt: Mit einer guten Förderung lernt ein großer Teil von ihnen zumindest Lesen und Schreiben und die Grundrechenarten. Ausnahmen in beide Richtungen bestätigen die Regel: Der Spanier Pablo Pineda machte zunächst einen Regelschulabschluss, studierte dann Psychopädagogik, nachdem er ein Diplom zum Grundschullehrer abgelegt hatte.

Symptom: Auffällige Freundlichkeit

1929 lebten Menschen mit Trisomie 21 im Schnitt nur neun Jahre, heute sind es 60. Jeder Zehnte wird sogar 70. Viele zeigen bereits in jungen Jahren große Stärken im sozialen Bereich – zusätzlich zu ihrem ausnehmend herzlichen und sozialen Wesen. Überdies haben sie das Glück, sich auch im Erwachsenenalter die kindliche Freude an einfachen Dingen zu bewahren – an das Wechselgeld beispielsweise, oder wenn es den Lieblingspudding gibt. Bei Behinderten-Sportwettkämpfen kann sich diese Freude über die Teilnahme auch einmal so zeigen, dass ein 100-Meter-Lauf in der Mitte der Strecke einfach unterbrochen wird, um dem Publikum zuzuwinken und Freunde und Familie zu begrüßen, bevor es an den Zielsprint geht.

Das zeigt: Menschen mit Down-Syndrom sind häufig durchweg frohe Menschen, die Meister darin sind, den Augenblick zu genießen – auch wenn es dann eben nicht mehr für das Siegertreppchen reicht. Alles wäre wunderbar (von den für die Trisomie 21 einmal abgesehenen typischen Begleiterkrankungen wie Herzkrankheiten), wenn die Welt nicht so wäre, wie sie ist.

Denn Menschen mit Down-Syndrom sind weitgehend frei von Argwohn, durchblicken zwischenmenschliche Spielchen nicht und haben mit ihrer vertrauensvollen Art ein hohes Risiko, in ihr eigenes Unglück zu laufen, wenn es keine Menschen gibt, die sie schützen. Auf der anderen Seite berichten viele, die mit Menschen mit Down-Syndrom zu tun haben, dass ihnen selten jemand so viel unverfälschte Sympathie entgegenbringt. Und so bleiben sie in den meisten Fällen auch als Erwachsene in ihrer Familie wohnen oder leben in einer betreuten Wohngruppe.

Was ihnen zur Selbständigkeit fehlt, sind Pessimismus, Misstrauen, Argwohn, Planung, Berechnung. Eigentlich wenig geschätzte Eigenschaften, die aber notwendig sind bei dem Unternehmen, ein eigenes selbstständiges Leben zu gestalten – wozu es eben beispielsweise gehört, dafür zu sorgen, dass der Kühlschrank voll ist, oder auch, nicht jeden, der klingelt und nett bittet, in die Wohnung zu lassen. Gefühle also, die uns nicht unbedingt in die glücklichste Stimmung versetzen – Argwohn und wenig Spontaneität sind es also unter anderem, die erst ein unabhängiges eigenverantwortliches Leben ermöglichen.

Williams-Beuren-Syndrom

Das Williams-Beuren-Syndrom ist nach den Ärzten C. J. P. Williams und Alois J. Beuren benannt – beide Männer waren Kardiologen. Sie stellten eine genetische Besonderheit fest. Etwa 1500 Menschen mit Williams-Beuren-Syndrom leben derzeit etwa in Deutschland.

Diese genetische Veränderung hat ein deutlich verkleinertes Gehirn zur Folge. Typisch ist auch ein „Elfengesicht", mit einer kugeligen Nase, vorspringenden Wangenknochen, vollen Lippen, meist lockigem Haar. Menschen mit Williams-Beuren-Syndrom sind geistig beeinträchtigt, haben oft Ess- und Schlafstörungen, sind anfällig für Infektionen und neigen zu Herzfehlern – aus diesem Grund kamen die beiden Herzspezialisten dem genetisch bedingten Syndrom überhaupt auf die Spur. Dazu sehen diese Menschen sehr schlecht und haben auch mit einer ganzen Reihe anderer Symptome zu kämpfen.

Aber: Viele von ihnen lieben die Musik. Sie können sich Texte und Melodien gut merken und haben oft ein beneidenswert gutes Gefühl für Rhythmus. Sie sind begabte Leser, erkennen Gesichter leicht, sprechen gerne und beredt. Und nun folgt das Aber: Zu ihren musischen Talenten und ihrem guten Sozialverhalten kommt, dass sie häufig nicht die richtige Mischung aus Abstand und Nähe finden. So gehen sie auch auf völlig Fremde distanzlos zu, sind offen, meist freundlich und einfühlsam.

Damit ist ihnen das gleiche Los beschieden wie auch Menschen mit Trisomie 21: Sie können nicht eigenverantwortlich leben, sondern sind auf die Fürsorge anderer angewiesen. Denn gerade ihr freundliches, nicht berechnendes Wesen steht ihnen wiederum im Wege. Es ist die kindliche Natur, die ihnen einen schnellen, leichten Zugang zur Freude ermöglicht und gleichzeitig den zu einem selbständigen und erwachsenen Leben verbaut. Freude statt Sorge – aber eben auch Unselbständigkeit statt Eigenverantwortung.

Jeder ist mit einer Art Grundvertrauen in andere geboren. Doch zumindest ein gesunder Mensch lernt im Lauf seiner Lebensjahre hinzu und verliert einen Teil seines kindlichen Vertrauens. Man gewinnt die Fähigkeit, zwischenmenschliche Situationen zu analysieren und daraus Schlüsse für die Zukunft zu ziehen. Das heißt: Zunächst geht der urvertrauende Mensch davon aus, dass das Gegenüber es auch genauso gut meint, wie es vorgibt. Unweigerlich folgt mit zunehmender Erfahrung die Einsicht, dass das nicht immer der Fall ist. Zwischenmenschliche Kontakte werden deswegen nicht mehr ganz so vertrauensselig eingegangen und künftig kritischer beäugt. Genau das gelingt vielen Menschen mit geistigen Einschränkungen nicht: Sie setzen voraus, dass der andere nett ist, wenn er vorgibt, nett zu sein. Der Lerneffekt bleibt aus. Dem Glücksgefühl steht das nicht notwendigerweise im Wege – wohl aber der Fähigkeit, ein auf sich allein gestelltes Leben zu führen.

Sowohl für Menschen mit Williams-Beuren- als auch mit Down-Syndrom gilt deshalb: Vielen fällt es leichter, glücklich zu sein, weil sie nicht alle negativen Eventualitäten abwägen, die den Gesunden oft den Spaß vermiesen. Auch als Erwachsene sind sie noch zu kindlicher Freude fähig. Doch die Glücksfähigkeit geht für viele von ihnen auf Kosten der Möglichkeit, ein eigenverantwortliches Leben zu führen. Je weniger argwöhnisch, strategisch vorausplanend und kritisch – und je glückfähiger, desto stärker leidet darunter die Möglichkeit, ohne Schutz Vertrauter oder Verantwortlicher in der Gesellschaft zu existieren.

Alter und Demenz

Man altert, wie man gelebt hat.

Volksweisheit

Ein ruhiger, zufriedener Lebensabend ist der Inbegriff eines gelungenen Lebens – und viele erleben ihn auch. Denn der Mensch wird immer älter. Im Jahr 2004 lebte eine deutsche Frau im Schnitt 82 Jahre, ein Mann 76 Jahre. Die Alterskurve steigt beständig an. Jungen, die im Jahr 2007 geboren sind, haben laut Statistik im Schnitt 76,6 Lebensjahre vor sich, Mädchen 82,1. Anders ausgedrückt bedeutet das: Unter den Frauen feiert heute fast jede zweite ihren 85. Geburtstag, die Hälfte der Männer immerhin ihren 79. Geburtstag.

Damit bleibt den Menschen in der westlichen Welt sehr viel mehr Zeit, ihren Lebensabend zu genießen. In einer amerikanischen Untersuchung gaben die meisten über 60-Jährigen an, sich ausgeglichener und zufriedener zu fühlen als in jüngeren Jahren. Aktive Gefühle von Angst und Wut nehmen ab – jedenfalls für gesunde Alternde. Allerdings sind im Alter Frauen offenbar nicht ganz so glücksbegabt wie Männer. Gemäß der Untersuchung plagten sie eher negative und passive Gedanken – je niedriger der Bildungsstand und je geringer das Vermögen, desto mehr negative Emotionen belasteten die Frauen.

Der magische Punkt, an dem die Zufriedenheitskurve der Geschlechter auseinander driftet, liegt bei 48 Jahren – darin sind sich zumindest Wissenschaftler der Universität Cambridge und der Universität von Südkalifornien einig. Männer scheinen im Alter ihre Sehnsüchte eher erfüllt zu sehen, sind zufriedener mit ihrer Familiensituation oder ihren Finanzen. Vielleicht liegt der gestiegene Glückspegel auch daran, dass Männer ihr Glücksempfinden eher auch von materiellen Dingen abhängig machen – von Autos oder einem Haus beispielsweise. Diese Dinge haben sie sich meist bis zu einem Alter von 50 Jahren erfüllt – und sind entsprechend zufrieden mit dem Erreichten.

Für einen Teil der Alternden ist schlechte Laune das kleinste Problem. Zunehmend sehen sie sich mit Demenz konfrontiert, was nicht zuletzt daran liegt, dass die Menschen immer älter werden. Demenz hat sehr unterschiedliche Ursachen. Ihr kann eine Parkinsonerkrankung vorangehen, aber auch die Alzheimer-Demenz kann eine Rolle spielen.

Fast alle, die im Alter eine Demenz entwickeln, leiden vorrangig unter den spezifischen Alzheimer-Veränderungen des Gehirns. Dabei handelt es sich um Eiweißverklumpungen zwischen (Alzheimer-Plaques) und in den Nervenzellen (Alzheimer Neurofibrillen). Meist entstehen dadurch zunächst Gedächtnisstörungen – unter denen allerdings in unterschiedlichem Ausmaß fast alle gescheiten Menschen leiden. Nehmen die Gedächtnisstörungen zu, und fallen andere geistige Probleme und deutliche Schwierigkeiten bei alltäglichen Aufgaben auf, so spricht man von einer Demenz.

Bei der Mehrzahl älterer Patienten mit einer Demenz ist das Gehirn gleichzeitig von Durchblutungsstörungen betroffen, von Verstopfungen größerer Gefäße und Veränderungen der kleinsten Arterien und Kapillaren. Zusätzlich liegen häufig weitere degenerative Erkrankungen (z. B. Parkinson) vor, Folgen entzündlicher Erkrankungen oder anderer Verletzungen, die sich im Lauf eines langen Lebens angesammelt haben und im Alter ihren Tribut fordern. Ein wesentlicher Beitrag zum anhaltenden und späten Glück ist also ein frühzeitiges vernünftiges Vermeiden von Gefährdungen und konsequentes Behandeln von Risikoerkrankungen, die zu einer Demenz beitragen (Bewegungsmangel, Fettleibigkeit, erhöhte Blutfette, Bluthochdruck, Diabestes mellitus).

Fälschlicherweise gehen die meisten Leute – einschließlich der Ärzte – davon aus, dass die Ursachen der Demen-

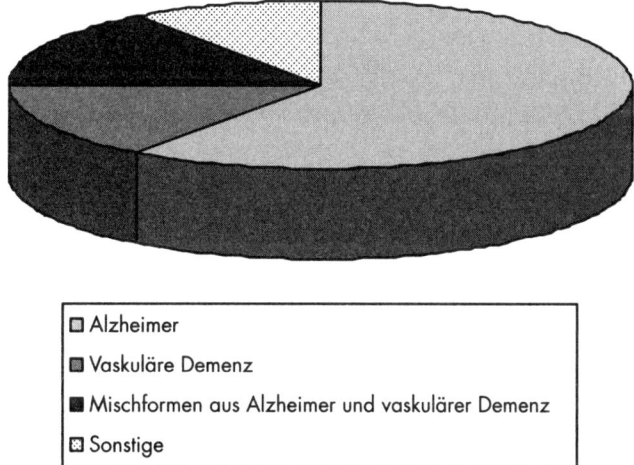

☐ Alzheimer

▨ Vaskuläre Demenz

■ Mischformen aus Alzheimer und vaskulärer Demenz

▧ Sonstige

Abb. 10: Die Ursachenverteilung von Demenzen

119

zen so verteilt sind wie auf dem Tortendiagramm darge-
stellt (60 % Alzheimer, 10 % Gefäßerkrankungen, 5 % ge-
mischte Demenzen usw.), tatsächlich entwickeln sich bei
den meisten Menschen im Laufe eines Lebens viele Hirnveränderungen nebeneinander, die sich dann im Alter
überlagern).

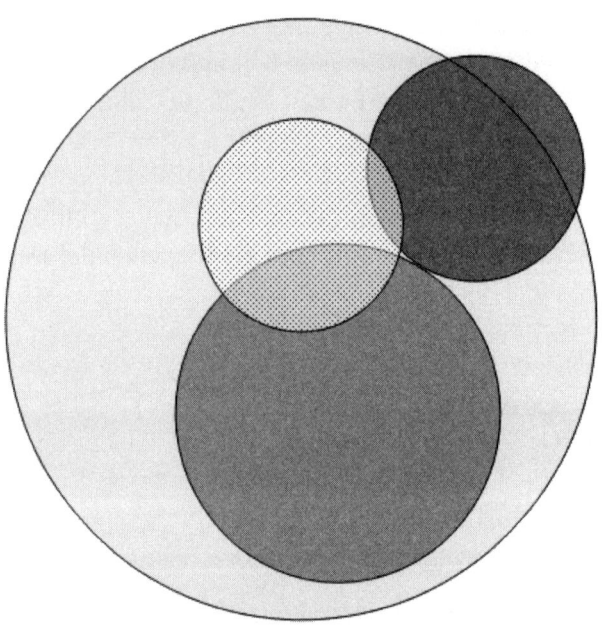

Abb. 11: Realistische Verteilung der Demenzen

Im Kontakt mit dementen – meist älteren oder alten – Menschen fällt auf, dass sie sehr unterschiedlich „gepolt" sind.
Natürlich unterliegen auch bei ihnen Stimmungen Tages-
schwankungen. Oft stellt sich aber eine bestimmte Grund-

haltung ein. Zwischen einer für Außenstehende fast unerklärlichen Heiterkeit und verzweifelter Aggression ist alles möglich.

Viele Patienten nehmen das schleichende Vergessen am Anfang durchaus wahr und sind sich ihrer zunehmenden Defizite deutlich bewusst. Viele schämen sich aber deswegen und suchen keine Hilfe. Im Gegenteil: Sie ziehen sich sozial immer weiter zurück. Mangelnde soziale Kontakte können die Hirnleistung zusätzlich beeinträchtigen. Wenige soziale Kontakte, das zeigte schon Kapitel 2, stimmen traurig. Heilen kann man die langsam voranschreitenden Hirnveränderungen nicht, aber man kann die Symptome deutlich lindern – durch geeignete Zuwendung und auch durch entsprechende Medikamente.

Für einen glücklichen Lebensabend kann jeder Mensch schon in jungen Jahren einen guten Grundstein legen. Fünf Punkt bauen einer frühzeitigen Demenz vor:

- Viele Interessen pflegen und aktiv sein: Wer von vornherein etwas für seinen „Grips" tut, schöpft aus größeren Ressourcen und hält das Gehirn in Form.
- Sport treiben: Körperliche Fitness schützt nicht nur vor Stürzen, die in höherem Alter oft besonders verheerende Folgen haben. Sie hilft auch dem Gehirn.
- Auf den Kopf achten: Am liebsten wäre allen Hirnforschern die Helmpflicht. Wer sein Gehirn vor Verletzungen – zum Beispiel beim Sport – schützt, schützt auch sein Gedächtnis. Darüber hinaus sollten auch alle Substanzen tabu sein, die das Gehirn auf Dauer schädigen. Das reicht von Drogen bis hin zu einem Übermaß an Alkohol.

- Chronische Krankheiten gehören in professionelle Behandlung: Nur wer Diabetes oder Herzerkrankungen sachgemäß behandeln lässt, sorgt dafür, dass das Gehirn mit allem versorgt wird, was es für seine Gesundheit braucht.
- Der Seele etwas Gutes tun: Depressive zeigen ein deutlich höheres Demenzrisiko. Deshalb sollte man ihre Behandlung – ob über eine psychologische oder medikamentöse Therapie – nicht auf die lange Bank schieben.

Wenn Sie die letzten Kapitel, insbesondere das zweite, aufmerksam gelesen haben, werden Sie feststellen: Alle Punkte gelten auch als Wegweiser zu einem glücklichen Leben. Das erstaunt nicht, denn es ist ja inzwischen klar: Glück entsteht im Kopf. Ein gesundes Gehirn schafft eine gesunde Mischung aller Gefühle. Und ein Gehirn gesund zu halten, hat nicht nur zur Folge, dass seine Leistung gleich bleibt oder sogar besser wird, sondern auch, dass es von allein das richtige Maß aller Gefühle findet. Wer sein Gehirn also pflegt, wird im Alter auch durch eine ausgewogenere Mischung guter Gefühle belohnt.

5. Die dunkle Seite des Glücksgefühls

Glück ist nicht immer ein schön anzusehender Freudentaumel, ein wunderbarer Moment. Manche empfinden Glück, wo andere nur Abscheu empfinden – etwa bei aggressivem Verhalten. Auch wenn sich Menschen wenig freundlich benehmen, schüttet das Gehirn Dopamin aus, haben Wissenschaftler der Vanderbilt-Universität in Nashville an Mäusen beobachtet. War ihr Belohnungszentrum ganz normal aktiv, entschieden sich die Tiere für eine aggressive Auseinandersetzung und wurden in der Folge mit Glücksgefühlen belohnt. Blockierten die Forscher aber das Belohnungszentrum, gingen die vierbeinigen vormaligen Rambos einem Streit aus dem Weg. Der Schlüssel für dieses Verhalten ist nicht mäusetypisch, sondern gilt auch für Menschen und erklärt, warum viele Menschen an gewalttätigen Sportarten so interessiert sind.

Sich selbst durch solche wenig sozialen Verhaltensweisen Glücksgefühle zu verschaffen, mag seltsam erscheinen, krankhaft ist es aber nicht unbedingt. Denn der Ursache-Wirkungs-Prozess – d.h., ich suche mir etwas, das mir Spaß macht, und das löst dann positive Gefühle aus – ist zumindest vom Ablauf her betrachtet normal.

Anders sieht es mit psychischen Erkrankungen aus. Hier entsteht oft ein Übermaß an Glücksgefühlen ohne einen derartigen Stimulus, nur aus einem Ungleichgewicht der Botenstoffe im Gehirn heraus. Das betrifft keinen kleinen Teil der Menschheit. Im Laufe eines Jahres erkranken 27 Prozent der Erdbevölkerung an mindestens einer psychischen Störung. Das Lebenszeitrisiko für eine solche Erkrankung – von Depression bis Demenz – liegt bei 50 Prozent. 40 Prozent von ihnen sind wiederum chronisch betroffen. In manchen Fällen sind diese Menschen zwar zu ganz großartigen Dingen fähig – aber dennoch nicht gesund.

Schizophrenie: Wahn oder Wirklichkeit

> *Eines zu sein mit allem, das ist Leben der*
> *Gottheit, das ist der Himmel des Menschen.*
> *Eines zu sein mit allem, was lebt, in seliger*
> *Selbstvergessenheit wiederzukehren ins All*
> *der Natur, das ist der Gipfel der Gedanken*
> *und Freuden.*
>
> Friedrich Hölderlin, Hyperion

James Tilly Matthews glaubte an sich und seinen Erfolg. Vor allem anderen aber glaubte er an seine Ideen, und davon hatte er Zeit seines Lebens genug. Das verhalf dem britischen Exzentriker zu einem aufregenden, unkonventionellen Leben.

Seine Karriere begann er als Tea-Broker. Doch dann fühlte er sich schnell zu Höherem berufen. Obwohl die französische Regierung ihn nie darum bat, ernannte er sich in den 90er Jahren des 18. Jahrhunderts selbst zum Vermittler im Auftrag der Franzosen, um für sie den Ausbruch eines Krieges mit England abzuwenden. Wie auch immer er es anstellte: Die Franzosen schenkten dem selbstberufenen Mittelsmann Vertrauen und Glauben. Er überzeugte sie von der Authentizität einer Reihe ungewöhnlicher Friedensbedingungen. Zurück vor der britischen Regierung glückte seine Überzeugungsarbeit dann jedoch nicht wie ursprünglich geplant. Sie nahm ihm nicht ab, dass er tatsächlich der Überbringer der Mitteilungen der französischen Regierung war. Also trat er unverrichteter Dinge wieder die Reise nach Frankreich an. Auch dort war jedoch inzwischen die Skepsis gegenüber Matthews gewachsen. Statt weiter seine Rolle in der Politik zu spielen, landete er hinter Gittern. Der Verdacht zeugte davon, wie viel man ihm zutraute: Spionage – man hielt ihn für einen Doppelagenten.

1796 kam er nach drei Jahren Gefängnis wieder frei. Wirklich nachweisen ließ sich dem seltsamen Vogel nichts. Seine Skeptiker wurden aus ihm einfach nicht schlau. War er ein ausgefuchster Spion oder ein heimtückischer Irrer?

James Tilly Matthews jedenfalls trat die Heimreise an. Die jedoch war kein Rückzug aus dem politischen Leben, nein: Erneut war er in eigener Mission unterwegs. Im Londoner House of Commons marschierte er schnurstracks in eine laufende Debatte und störte sie, indem er „Treason!", Landesverrat, dazwischen rief.

Das brachte das Fass zum Überlaufen. 1797 wurde er für geisteskrank erklärt und in die Bethlem-Klinik eingewiesen. Seiner eigenen Familie konnte er jedoch bis zu seinem Tod seine Ideen glaubhaft vermitteln. Sie war und blieb von seiner psychischen Gesundheit überzeugt. Der Direktor der Klinik, John Haslam, war ebenfalls fasziniert von seinem Patienten – wenn auch eher aus psychiatrischer Sicht.

In der Klinik entwickelte Matthews ungewöhnliche Ideen, unter anderem die der „Air-Loom-Maschine", eines Luftwebstuhls, der einzig und allein dafür entwickelt worden war, um in die Köpfe anderer Menschen einzudringen. Ein solches Gerät vermutete Matthews auch im Keller der Klinik. In einer ausführlichen Skizze legte er dar, wie sie funktioniert und wie es seinen Verfolgern, einer Gruppe Krimineller, durch sie gelänge, seine Gedanken auszuspionieren und zu manipulieren.

1810 veröffentlichte sein Arzt John Haslam Auszüge von Matthews Aufzeichnungen. Das Werk mit dem Titel „Illustrations of Madness" sollte ein für alle Mal mit den Zweifeln an der Rechtmäßigkeit der Einweisung Matthews aufräumen. Was dabei entstand, ist ein umfassende Dokumentation und Beschreibung der Symptome der Krankheit, die man heute vermutlich als paranoid-halluzinatorische Schizophrenie einordnen würde. Diese Erkrankung hinderte Matthews nicht daran, als Sieger aus einem Architektur-Wettbewerb hervorzugehen: Der Entwurf für den Neubau des Bethlem Hospitals – später als Imperial War Museum genutzt – stammte von ihm.

1815, fünf Jahre nach der „Entwicklung" seiner Air-Loom-Maschine, starb James Tilly Matthews im Alter von 45 Jahren. Zuvor war er nach Hackney in eine private psychiatrische Anstalt umgezogen.

James Tilly Matthews Leben zeigt: Seine Krankheit inspirierte ihn zu unglaublichen Taten und zu einem rastlosen, und damit ungemein ereignisreichen Leben. Er betrachtete sich und seine Person als bedeutsam. Seine Ideen muss er selbst als so bestechend empfunden haben, dass er, so abstrus sie auch gewesen sein mögen, dank seiner großen Überzeugungskraft immer Anhänger fand. Sein Leben muss sehr ausgefüllt und in vielen (Erfolgs-)Momenten auch erfüllend und oftmals euphorisch-glücklich gewesen sein.

Patienten mit einer Schizophrenie empfinden ihre Erkrankung nicht unbedingt als unangenehm, ja sie nehmen sie häufig nicht einmal als solche wahr. Problematisch wird es dann, wenn ihre eigene, subjektive Realität auf die reale Welt prallt und die eigene Wahrnehmung der Welt sich nicht mehr mit derjenigen der Gesellschaft deckt.

Die Schizophrenie bietet also in einem besonderen Sinn die Chance auf ein Leben voller „Flow", eines vollen Aufgehens in der eigenen Welt, im Idealfall auch mit der Hingabe an die eigene Inspiration, während sich manch Gesunder mit Selbstzweifeln trägt. Unangenehm ist jedoch, dass viele Patienten mit einer Schizophrenie immer wieder mit der Wirklichkeit konfrontiert werden, so wie andere sie sehen und immer wieder schmerzlich erfahren, wie weit sie hinter den Erwartungen anderer zurückbleiben. Aus gutem Grund wehren sich viele Patienten dagegen, ihren oft sehr reichhaltigen Kosmos aufzugeben zugunsten eines wesentlich verringerten Vertrauens in die eigene Schaffenskraft und die Dimensionen des Möglichen.

Melancholie:
Das ehemalige Trendgefühl

Melancholie ist das Glück, traurig zu sein.

Victor Hugo

Melancholie leitet sich vom griechischen Wort „melas" = schwarz ab, was schwarze Galle bedeutet. Melancholie – unter diesem Begriff sammelte sich früher so ziemlich alles, was mit Schwermut und Traurigkeit in Zusammenhang stand, bis der Begriff der Depression die neutralere und mit weniger philosophischem Überbau befrachtete Beschreibung ähnlicher Zustandsbilder übernahm.

In der klassischen 4-Säftelehre oder Humoralpathologie dachte man von der Antike bis in die Renaissance, die Melancholie entstehe durch einen Überfluss schwarzer, verbrannter Galle, die sich über das Blut im Körper breit macht und die Stimmung verdirbt.

Heute ist schon eine leicht gedämpfte Stimmungslage etwas, was man tunlichst zu vermeiden sucht. Längst hat das Glücksgefühl der Melancholie den Rang abgelaufen. Doch das war nicht immer so. Die Melancholie war in früheren Jahrhunderten eine gerne und häufig kultivierte Stimmungslage. Man kann sogar so weit gehen zu sagen: Der melancholische, grüblerische Denkertyp war der Inbegriff des Künstlers und auch des Intellektuellen – vom Maler angefangen bis hin zum Schriftsteller. Temporäre Schwermut gehörte zum guten Ton – ja man traute dem Schwermütigen möglicherweise mehr zu als einer echten Frohnatur.

So gab es wahrscheinlich in den letzten Jahrhunderten kaum einen künstlerischen Geist, der melancholische Phasen nicht regelmäßig und regelrecht zelebriert hätte. Auch Albrecht Dürer durchlebte trübe Stimmungslagen. In einem Selbstporträt wird das besonders deutlich: Er zeigt auf seinen wunden Punkt, auf die Milz. Sie hat sich bis heute mit einer besonderen Bedeutung im Sprachgebrauch erhalten. Milz heißt auf Englisch „Spleen".

Wer Albrecht Dürer jetzt belächelt und ihn womöglich als Hypochonder abtut, über dessen melancholische Anwandlungen längst Gras gewachsen ist, wird ihm nicht gerecht. Anders als heute betrachtete man die Melancholie nicht als Handicap, sondern als einen wichtigen künstlerischen Motor.

Denn Lebenskrisen, auch melancholische, setzen einen Schaffensdrang frei. Nicht umsonst handeln bis heute noch viele Lieder von Phasen im Leben, die nicht unbedingt wie eine lange Kette freudiger Ereignisse erscheinen, sondern eher von Phasen der Sinn- und Schaffenskrise. Viele Künstler kultivieren das Gefühl also noch immer – und haben dabei historisch betrachtet viele „Leidensgenossen".

Manie: „Rasend" glücklich

Je glücklicher du bist, umso weniger
kostet es, dich zu Grunde zu richten.

Friedrich Hölderlin

Ist die Melancholie Thema vieler Künstler, ist die Manie vielleicht das Künstlerleiden schlechthin. Ein erheblicher Prozentsatz besonders dynamischer und kreativer Menschen erlebt solche übertrieben positive Stimmungsauslenkungen. Manische Phasen gehen nicht nur oft mit Hochstimmung, Charme und einem gesteigerten Schaffensdrang einher, sondern auch mit einem unbändigen Drang, sich zu exponieren und bei Kritik gereizt zu reagieren. Komplikationen sind programmiert.

„Think big", das Denken in großen Dimensionen, nie wird es so in die Tat umgesetzt wie dann, wenn ein Mensch sich in einer manischen Phase befindet. Dass dabei die Grenzen gesprengt werden, die dieses „Think big" normalerweise in vernunftgegebenen Bahnen hält, ist die positive und zugleich negative Seite der Manie.

Es gibt (und gab) zahlreiche Prominente, auch historische Persönlichkeiten, mit einer Manie als Bestandteil einer bipolaren Störung. Bipolar ist die Erkrankung insofern, also diese euphorische Stimmungslage irgendwann umkippt in ihr Gegenteil: sozusagen vom Pluspol der übermäßigen Freude zum Minuspol der Depression.

Ernest Hemingway ist ein Beispiel für einen Menschen, der diese beiden Seiten kannte. Der amerikanische Schriftsteller, Kriegsberichterstatter und Reporter lebte ein enorm facettenreiches Leben. In den 50er Jahren wurde sein Schaffen mit dem Pulitzer- und dem Literaturnobelpreis geadelt. Wenn ihn die Schreibwut packte, dann, so ist überliefert, ernährte er sich nur von Brot mit Erdnussbutter – und Alkohol. Immer wieder verfiel er nach diesen Schaffensphasen in eine Depression. In einer solchen Phase setzte er seinem Leben 1961 im Alter von 61 Jahren selbst ein Ende, wie es schon sein Vater getan hatte – und später seine Enkelin tun würde. Hemingway erschoss sich.

Eine manische Stimmungslage erscheint auf den ersten Blick nicht negativ. Definitiv ist sie eine Hochstimmung, aber: Sie entbehrt der Entscheidungsmöglichkeit – will ich glücklich und exaltiert sein? Passt mein Verhalten zur äußeren Situation? Stoße ich andere durch meine Aktionen vor den Kopf? Sollte ich mich eher zügeln, um langfristig keine Schwierigkeiten zu bekommen?

Typisches Symptom für eine Manie ist eine schnelle, fast hektische Denkweise mit rasenden Gedanken. Wenn sich bei Gesunden die Gedanken so überschlagen, stellt sich auch in ihnen das Gefühl von Energie und Kreativität, Kraft und Selbstbewusstsein ein, so haben es Tests gezeigt. Viele haben so ein Gefühl schon einmal erlebt, beispielsweise, wenn der Groschen gefallen ist und sich plötzlich ganz von allein im Dominoeffekt eine ganze Gedankenkaskade in Gang setzt. Oder auch wenn Kollegen sich zum Brainstorming treffen und plötzlich eine Idee der anderen folgt. Nur stehen all diese Menschen nach einiger Zeit wieder auf, freuen sich über den Erfolg und gehen zum Tagesgeschäft über. Einem manischen Menschen ist genau dieser Schritt nicht möglich.

Natürlich ist für eine Person, die gerade eine manische Phase durchlebt, diese Zeit an sich nicht notwendigerweise durchgehend negativ. In der Behandlung und Therapie ist es in diesen Momenten sehr schwierig, Betroffene für ihren Zustand zu sensibilisieren. Stellen Sie sich vor, Sie haben nach einer depressiven Phase endlich wieder Ihre Hochform erlangt. Sie erleben das Gefühl, plötzlich geht alles ganz leicht von der Hand, alles funktioniert, Sie können alles schaffen. Es ist Ihnen endlich einmal egal, was andere über Sie denken, was kümmert es Sie, was morgen ist, wenn man jetzt in vollen Zügen und ohne wenn und aber leben kann? Dann kommt ein Psychiater und erklärt Ihnen: „Dagegen muss man unbedingt etwas unternehmen, Ihnen geht es zu gut." Wären Sie begeistert?

Was der Arzt in diesen Momenten weiß und wofür es dem Patienten an Einsicht mangelt: Das Hoch steht auf wackeligen Beinen. Es ist immer auf der Kippe ins genaue Gegenteil umzuschlagen. Irgendwann schwingt das Pendel mit Sicherheit wieder zurück.

Die erste Linie der Grafik zeigt die recht ausgeglichene Stimmungslage eines psychisch gesunden Menschen. Die unipolare, zweite Kurve entspricht einer reinen Depression. Hier sind die deutlichen Ausschläge nur nach unten, quasi emotionale Tiefpunkte. Die dritte Kurve dagegen, die bipolare Linie, entspricht der eines manisch-depressiven Menschen. Typisch sind ausgeprägte Hochs sowie Tiefs. Die dicken Linien der mittleren und unteren Kurve zeigen an, was die Psychiatrie durch Medikamente versucht: Die Tiefs abzufangen, aber auch die Hochs zu kappen, um so eine weniger riskante und belastende, ausgeglichenere Gefühlslage herzustellen, die die Chemie des Gehirns im Lot hält.

Manie
Jeder kennt die Standardsymptome einer Depression: Traurigkeit, Antriebslosigkeit, Rückzug. Weniger populär ist die Manie, wenngleich ebenfalls häufig. Typisch sind ein überschießender Tatendrang, Exaltiertheit, Rastlosigkeit, Euphorie – aber auch Größenwahn, Rededrang oder ein übertriebenes Selbstbewusstsein. Maniker produzieren viel, aber wenig Fundiertes. Sie springen von einer Idee zur anderen, kommen vom Hundertsten ins Tau-

sendste. Diese übermäßige Aktivität geht auf einen Überschuss der Neurotransmitter Noradrenalin und Dopamin zurück. Diese übersteigerte Aktivität löst auch das Gefühl aus, keinen oder kaum Schlaf mehr zu benötigen. Der Schlafmangel wiederum kann dann jedoch auch psychotische Schübe forcieren und die Wahrnehmung der Realität verändern.

Rein manische Störungen sind selten. Erfahrene Patienten spüren oft, wenn eine Manie droht, und können selbst rechtzeitig Vorsichtsmaßnahmen einleiten, indem sie beispielsweise in Absprache mit dem Arzt medikamentös gegensteuern.

Der Beginn einer manischen Phase kann sich über Wochen hinziehen – muss aber nicht. Auch Ausbrüche innerhalb von Tagen sind möglich. Auch erlebbar ist der Syndrom-Umschwung – von einer depressiven direkt in eine manische Phase – eine für den Patienten besonders belastende Situation. Je schneller sich Hochs und Tiefs ablösen, desto mehr geht das Wechselbad der Gefühle an die Ressourcen. Man spricht schon bei vier manischen oder depressiven Phasen von einem solchen schnellen Wechsel. Aber es sind noch wesentlich häufigere – oft innerhalb eines Tages – möglich.

Ein Patient beschreibt seine Erfahrung in manischen Phasen so: „Man wird immer leistungsfähiger – sowohl körperlich als auch geistig. Plötzlich durchschaut man viele Zusammenhänge, alles fügt sich zu einem Bild, es eröffnen sich völlig neue Dimensionen. Das bewirkt eine große Leichtigkeit, ein über die Banalität des Alltags hinaus gehoben sein. Man denkt messerscharf, erfasst Situationen schnell, kann glasklar analysieren. Alles läuft reibungslos. Das perfekte Glück." Aber eben nicht auf Dauer.

Zwänge: Lust an der Perfektion

Ängste kennt jeder – die Sorge, dass die Herdplatte womöglich noch heizt. Oder das Gefühl, dass irgendetwas nicht stimmt, wenn man etwas anders macht als sonst. Wenn man, ganz gegen die Gewohnheit, morgens beispielsweise mit dem linken statt dem rechten Fuß zuerst aufsteht. Das hat aber noch nichts mit einer Zwangserkrankung zu tun. Denn ein echter Zwang zermürbt, man entkommt ihm nicht.

Zwangserkrankte müssen dem inneren Diktat folgen, auch wenn es sie zeitlich, nervlich oder sogar gesundheitlich an ihre Grenzen bringt. Es gibt Betroffene mit einem Waschzwang, die müssen sich immerzu die Hände reinigen. Dabei folgen sie oft einem ganz bestimmten Ritual: Sie fassen den Wasserhahn immer nur mit der rechten Hand an, stellen das Wasser zunächst fünfmal an und ab, bis sie schließlich die Hände waschen. Dieser Prozess muss wiederum in einer ganz bestimmten Choreographie ablaufen – dreimal links, dreimal rechts, dann noch dreimal rechts und dreimal links. Die an sich für einen gesunden Menschen so einfache Aktion des Händewaschens geriert so zur zeitfressenden Spezialaufgabe.

Noch schlimmer wird es, wenn diesen festgelegten Ablauf etwas stört, dann muss die gesamte Handlungsabfolge ganz von Anfang wiederholt werden. Alltägliches kann so zu einer enormen Belastungsprobe werden – nicht nur für den Betroffenen selbst, sondern auch die Mitbetroffenen, Familie oder Partner. Das Vertrackte an der Situation: Zwangserkrankte sind sich durchaus bewusst, dass ihr Verhalten nicht normal ist. Sie können aber ohne Hilfe aus ihrer Haut nicht heraus.

Das klingt nach einem sehr beschwerlichen Leben, einem, in dem Normalität kaum möglich scheint. Doch dem ist gar nicht so. Zwar sind zwangserkrankte Menschen oft sehr belastet und leiden natürlich auch darunter, dass unter Umständen wichtige Sozialkontakte nach und nach verkümmern. Oft sind sie schon bevor sich ihre Störung manifestiert eher schüchtern, gehemmt, zurückhaltend, eher entscheidungsschwach und unsicher und haben ein geringes Selbstwertgefühl – sind also von jeher umso mehr auf ein positives Umfeld angewiesen. Zumal es sich bei dem Großteil um junge Menschen handelt – erste Anzeichen sind oft schon im Kindesalter erkennbar. Im Alter von 20 bis Mitte 30 wächst sich die Störung dann in ihrer ganzen Dimension aus, oft ausgelöst durch ein bestimmtes Erlebnis.

Doch trotz aller Belastung haben auch Menschen mit Zwangssymptomen ihre guten Momente – und die sind nicht selten wiederum mit der Krankheit verknüpft, die ihr Leben diktiert. Dies trifft in besonderem Maße auf die Menschen zu, die eine zwanghafte Persönlichkeitsstruktur haben, die nicht unbedingt in eine Zwangserkrankung münden muss. Sie verspüren keinen Leidensdruck, denn sie empfinden ihr Verhalten nicht als zwanghaft, im Gegenteil: Sie selbst sind zum Teil eher stolz auf ihren Perfektionismus.

Es ist in unserem Zusammenhang weniger bedeutsam, wie stark die Symptome ausgeprägt sind. Viel wichtiger ist: Nach Vollendung der Handlung stellt sich ein Gefühl der Erleichterung ein, das manchmal fast erlösend sein kann, wenn es auch nicht lange anhält.

Am allerbesten:
Der ganz normale Wahnsinn

Die psychiatrische Praxis mit all ihren Fällen – einschließlich der zuletzt angeführten Erscheinungsformen – zeigt: Glück liegt da, wo man es nicht unbedingt vermutet, und wenn man es wahrnimmt, beneidet man die „Glückskinder" dennoch nicht darum, denn ihr Glück ist Teil eines großen Ganzen, einer genetischen Anomalie vielleicht, oder auch einer anderen Erkrankung. Auf der anderen Seite verspüren selbst Menschen, die es in den Augen Außenstehender besonders schwer haben – beispielsweise psychisch Kranke – große Glücksgefühle, oft jedoch in einem Übermaß, das schadet. Im Umkehrschluss könnte man folgern: Wenn sehr starke Ausschläge des Gefühlspendels auf die Glücksseite es automatisch mit sich bringen, dass das Pendel danach ebenso stark auch auf die negative Seite ausschlägt, liegt eine sichere Lösung nahe. Man bleibt einfach immer genau in der Mitte. Für einen solchen Fall existiert ein anschauliches Beispiel.

Der Vorzeige-Kopfmensch

Mr. Spock ist ein Crewmitglied des Raumschiffs Enterprise. Er ist dazu da, das menschliche Verhalten zu hinterfragen. Eine neutrale rationale Analyse gelingt ihm nur, weil er selbst zu keinerlei Emotionen fähig ist und allein dem Prinzip der Logik folgt. Das macht den Halbvulkanier zu einer absolut verlässlichen Quelle der Entscheidungsfindung. Denn spontane Bauchentscheidung wird man bei ihm kaum beobachten. Eigentlich ist er ein Vorbild: Er folgt ausschließlich dem Verstand und lässt sich nicht durch Befindlichkeiten stören. Er könnte der Inbegriff des denkenden, modernen, ständig reflektierenden Menschen sein, einer, der den Dingen genau auf den Grund geht, um dann über jeden Zweifel erhabene Entscheidungen zu fällen. Lebenstauglich ist Mr. Spock bestimmt – aber eben auch jenseits aller Analytik völlig talentfrei. Kreativität braucht Hochs und Tiefs. Und haben Sie Spock jemals laut lachen hören?

Zu glücklich ist also ungesund, zu wenig glücklich allemal, und das dazwischen, der gefühlsneutrale Boden erscheint zu Recht blutleer. Was nun?

6. Das Bierdeckel-System: Darfs auch ein bisschen weniger sein?

Nichts ist schwerer zu ertragen
als eine Reihe von guten Tagen.

Johann Wolfgang von Goethe

Lassen wir zunächst wieder einmal die Wissenschaft sprechen – und sie ein allerletztes Mal in diesem Buch sagen: Von einem dauernden Hochgefühl ist der Mensch schlicht und ergreifend überfordert. Das sagt ein Experte in Sachen Glück, den Sie bereits kennen. Ed Diener von der University of Illinois nahm sich nämlich die Weltwertestudie noch einmal vor und zog zu ihr noch knapp 200 Studenten hinzu, die psychologische Tests absolvierten. Sie werden es erraten: Nicht die Studenten waren am besten dran, die sich selbst als „super happy" bezeichneten.

Zwar ist es so, dass Glück im Sinne eines positiven Lebensgefühls mit vielen positiven Faktoren verknüpft ist. Je glücklicher ein Mensch ist, desto mehr Erfolg hat er beruflich und privat – ob dies nun so ist, weil er schon von vornherein ein Sonntagskind ist, oder ob es ihm so gut geht, weil ihm viele Dinge gut gelungen sind, ist dabei zunächst einmal nicht von Belang. Aber Wissenschaft wäre keine Wissenschaft, wenn sie es dabei bewenden ließe. Und so stellt sich – man könnte unterstellen, mit einer gewissen wissenschaftlichen Zwanghaftigkeit – die Frage: Welches Maß an Glück ist das perfekte Maß?

Zurück zur Studie: Diejenigen, die sich selbst Höchstnoten im Glücklichsein gaben (also zehn von zehn Punkten), kamen im Leben schlechter zurecht als die, die sich als ziemlich glücklich betrachteten (mit acht von zehn Punkten). Dass Glückskinder weniger lebenstüchtig sind, führen die Forscher darauf zurück, dass sie wegen ihrer – gefühlten oder realen – Erfolgssträhne keine Veranlassung sahen, ihr Verhalten oder ihre Einstellung sich verändernden äußeren Faktoren anzupassen. Dadurch büßten sie an Flexibilität ein. „Wer glaubt, sein Leben laufe nicht optimal, findet darin womöglich eine wichtige Motivation, Einkommen und Ausbildung zu verbessern und sein politisches Engagement zu verstärken", schreiben die Autoren. „Wer hingegen bereits rundum glücklich ist, läuft durch Ehrgeiz nur Gefahr, das Bestehende zu gefährden", schreiben Ed Diener und seine Kollegen. Wer sich also als rundum happy bezeichnete, war beruflich – zumindest in der Wahrnehmung von außen – weniger erfolgreich.

Und was ist es nun – das perfekte Glück?

Doch allein am Verdienst und am gesellschaftlichen Einfluss ist das Glück nicht messbar. Dieser Aspekt ist eher für den Ökonomen interessant als für den einzelnen Menschen. Was ist nun also das richtige und echte Glück? Die gute und die schlechte Nachricht lautet: So genau kann man das nicht sagen. Die folgende Grafik veranschaulicht das. Für einen Menschen, der starke Schmerzen gelitten hat, ist schon die Freiheit von Schmerz, also der Normalzustand, ein großes Glück. Den anderen überrollte eine heiße Welle der hämischen Freunde, wenn er es einem alten Widersacher einmal so richtig zeigen konnte – oder noch besser: der sich selbst das Bein gestellt hat. Andere verspüren Glücksgefühle eben im Verlauf einer manischen Phase oder nach Zwangshandlungen. Und jenseits dieser Randgebiete des Hochgefühls erfüllt den einen die Faszination mit stürmischer Begeisterung, der andere kostet einen Triumph genüsslich aus, ein dritter tanzt sich glücklich zu wilder Musik in Ekstase. Ein wohlig-zufriedenes Gefühl nach einem feinen Menü ist ebenfalls nicht zu verachten – genauso wenig wie die angenehme Heiterkeit, die ein Lachanfall hinterlässt.

Abb. 12: Die vielen Gesichter des Glücks

Das Glück – es ist also nicht eines. Es kann mit Fug und Recht von sich sagen: Ich bin viele. Nicht jeder Mensch mit jedem Naturell erlebt es gleich. Einem eher ruhigen, in sich gekehrten Typ liegt das Gefühl des Flows vielleicht näher als das wilde Glücksgefühl nach einem ekstatischen Tanz. Und der Wagemutige, Energiestrotzende kommt über grüblerisches Tüfteln weniger zu positiven Gefühlen wie wenn er mit den Skiern einen Hang hinunter jagt. Das führt uns direkt zum ersten Punkt der drei Tipps, die auf jeden Bierdeckel passen.

Das „Bierdeckel"-System: Handzettel in Miniatur

Der Politiker Friedrich Merz war sich mit seiner Idee einer Steuererklärung, die auf einen Bierdeckel passt, sicher: Will man etwas erfolgreich umsetzen, muss es so einfach und übersichtlich sein, dass es jeder verinnerlicht, ohne erst seinen Doktortitel zum Thema zu machen. Genau so ist es im Prinzip mit dem Glück. Wer erst eine 20-Punkte-Liste abhakt, um zu überprüfen, ob alle Kriterien für das gute Gefühl erfüllt sind, kommt nicht weit. Zum Glück geht es auch kürzer.

Punkt 1: Locker lassen

Wenn Sie viele der in den letzten Kapiteln genannten „glückstauglichen" Eigenschaften an sich entdeckt haben: herzlichen Glückwunsch! Wenn nicht: auch nicht schlimm. Zwar ist es nie zu spät, an sich zu arbeiten (und

Erfolge dabei können natürlich glücklich machen!). Aber kein Leben, auch kein glückliches, ist ohne Makel. Ja sogar darüber hinaus: Auch auf den ersten Blick weniger schöne Emotionen haben eine Daseinsberechtigung. Dazu ein anschauliches Beispiel aus der Geschichte: Mahatma Gandhis waffenloser Kampf für ein freies Indien gilt auch heute noch als beispiellos. Er ist ein Vorbild dafür, was sich mit Hartnäckigkeit, Unbeirrbarkeit und Pazifismus erreichen lässt. Doch gibt es auch Stimmen, die Gandhi einen unstillbaren Machthunger nachsagen, den er einfach nur mit seinen „Waffen" auslebte. Auch wenn es für das Ergebnis unerheblich ist: Möglicherweise war das öffentliche Ziel ein politisches, das persönliche dagegen Lust an der Macht. Das muss nicht negativ sein. Vielleicht war es gerade sein Hunger nach gesellschaftlichem Einfluss, der ihn so beharrlich und unbeirrbar, ja nach außen hin geradezu stur seinen Weg verfolgen ließ.

Es ist also ein Irrtum anzunehmen, dass jeder vermeintlich negative Charakterzug, jede weniger angenehme Emotion, automatisch schlecht sei. Vielleicht macht es schon ein wenig zufriedener, ihren Sinn und Zweck zu begreifen. Beispiel Neid: Ein Würzburger Psychologe und Emotionsforscher hat in einer Umfrage den positiven Effekt des Gefühls ermittelt. Neid fördert das Hinterfragen der eigenen Person – und das kann motivieren, sich zu ändern und die richtigen Vorbilder zu suchen. Und letzten Endes ist das nichts weiter als ein Projekt, eine bestimmte Form der Herausforderung. Und wer sie bewältigt, wird belohnt: mit Stolz auf sich selbst, und vielleicht mit einem Glücksgefühl.

So unsinnig, wie es klingt:
Zum Glück zwingen

Wer sich nun einmal nicht glücklich fühlt, tut sich auch nichts Gutes, sich dazu zu zwingen. Untersuchungen an „Berufslächlern" haben ergeben, dass eine andauernd freundliche, aufgesetzte Miene richtiggehend stresst. Flugbegleiterinnen oder Verkäufer zum Beispiel leiden eher unter Depressionen, Bluthochdruck oder Herz-Kreislauf-Störungen. Die Forscher der Universität in Frankfurt mutmaßen, dass das möglicherweise mit der Geschichte des Lächelns zusammenhängt, das früher vielleicht nicht unbedingt ein Zeichen für Fröhlichkeit war, sondern vielmehr ein Angstgrinsen. Es steht also jedermann selbst offen zu überlegen: bin ich authentisch und einfach schlecht gelaunt, wenn meine Stimmung im Keller ist – oder zwinge ich mir ein Lächeln auf und tue ich mir damit „Gewalt" an – oder versuche ich es doch mit einem zaghaften Lächeln, und bekomme vielleicht mehr positives Feedback, was möglicherweise die eigene Stimmung wieder hebt?

Wer den Glückssuche-Modus im Gehirn abschaltet und statt dessen akzeptiert, dass alle Gefühle ihre Berechtigung haben und sogar für die Gesundheit der Gefühlswelt wichtig sind (und möglicherweise die vielen Gefühlsfacetten sogar schätzen lernt), und wer versteht, dass sich Glück auf zig verschiedene Arten äußert, entspannt sich.

Punkt 2: Aktiv sein

Von alleine stellt es sich nicht ein, das angenehme Gefühl. Ganz gleich auf welche Art: Aktivität muss sein. Verlassen Sie das Haus, treiben Sie Sport, entwickeln Sie Hobbys, treffen Sie Menschen – Hauptsache, Körper und Geist sind in Bewegung. Wer sich mit Dingen beschäftigt, die Spaß machen, lenkt seinen Blick weg von den Ärgernissen. Allein der Perspektivenwechsel kann einiges in Gang setzen.

Das Beispiel Demenz hat es gezeigt: Wer rastet, rostet. Wer nichts für sich tut, baut ab. Wer abbaut, fühlt sich schlechter. Wer dagegen Schwung in seinen Alltag bringt und Herausforderungen annimmt, bringt auch seine Hirnchemie in Bewegung – und tut möglicherweise gleichzeitig etwas für seine körperliche Fitness, und die wiederum wirkt positiv auf die Psyche. Ist die Stimmung gehoben, nimmt auch die Aktivität weiter zu – und so weiter. Der Dominoeffekt setzt sich in Gang: Stein um Stein fällt. Ohne den ersten Schups geht das nicht.

Vielleicht stellt sich beim Aktivsein schon ein gutes Gefühl ein. Vielleicht aber auch nicht – siehe Punkt 1. Selbst in dem zu erwartenden Fall, dass sich die pure Freude nicht sofort einstellt, hat das Tätigsein dennoch einen positiven Effekt – siehe Punkt 3.

Punkt 3: Vergessen

Wenn Sie aktiv sind – und zwar selbstbestimmt aktiv, mit etwas, das Sie interessiert und mit dem Sie sich selbstbestimmt und freiwillig beschäftigen, stellt sich ein gutes Gefühl ganz von selbst ein. Ob das nun das wohlige Gefühl der körperlichen Erschöpfung nach dem Sport ist, Zufriedenheit über die knifflige, aber gelungene Reparatur eines alten Radios oder Freude über einen schönen Grillabend mit Freunden, ist dabei nicht wichtig. Sie können sich damit trösten: Der Mensch ist sowieso schlecht darin, vorauszusagen, was ihn glücklich macht. Deshalb hilft einfach nur: Versuchen. Dann stellt sich ein ganz bedeutender Effekt ein: Sie vergessen, dass Sie sich auf der Glückssuche befinden. Damit vergessen Sie Ihr „Problem". Und vielleicht schleicht sie sich dann einfach so ein, die positive Stimmung.

Wenn nicht: Ärgern Sie sich ein wenig, seien Sie ein bisschen neidisch auf das Glück anderer, kultivieren Sie eine Weile Ihre Melancholie. Sie wissen ja jetzt: Glück – das gibt es nur, wenn es all die anderen Gefühle auch gibt.

> *Ja, renn nur nach dem Glück*
> *doch renne nicht zu sehr*
> *denn alle rennen nach dem Glück*
> *das Glück rennt hinterher.*
>
> Bertold Brecht

Glossar

Angstlust

Angstlust ist ein Begriff, den der Psychoanalytiker Michael Balint prägte. Seine Arbeit stand stark unter dem Einfluss Sigmund Freuds, denn er durchlief einen großen Teil seiner medizinischen und psychoanalytischen Ausbildung bei Sandor Ferenczi, einem großen Anhänger der Freudschen Psychoanalyse. Der Grundstein für die Angstlust nach der ursprünglichen Definition wird laut Balint in der Kindheit gelegt. Kinder reagieren auf traumatische Ereignisse (beispielsweise dem Verlust Nahestehender) auf zwei mögliche Arten: Entweder, sie klammern sich stärker an Bezugspersonen, oder aber sie verlassen sich zunehmend auf sich selbst und suchen die Herausforderung, bzw. die Angstlust. In ihr vereinen sich positive und negative Emotionen – etwa so wie bei einer Hassliebe. Angst und Aufregung werden bewusst in Kauf genommen, um in der Folge mit guten Gefühlen belohnt zu werden.

Belohnungszentrum

Ein wichtiges Belohnungszentrum sitzt im Nucleus accumbens, einem Areal im basalen (unteren) Vorderhirn. Es reicht etwa von der Nasenwurzel bis zwischen die Augenbrauen und in eine Gehirnstruktur in der Mitte des Gehirns hinein (Nucleus accumbens, medialer präfrontaler Cortex, medialer orbifrontaler Cortex und ventrales Tegmentum).

Bestimmte Reize führen zu einer Dopaminausschüttung im Nucleus accumbens. Dadurch wird der Reiz als angenehm empfunden und man versucht, ihn zu wiederholen. Damit ist diese Region auch verstärkt an der Suchtentstehung beteiligt.

Burnout-Syndrom
Das Burnout-Syndrom kann jeden treffen – vom Studenten über den Manager bis hin zum Rentner. Es kann entstehen, wenn zu hoch gesteckte, unerreichbare Ziele ein ständiges Gefühl der Überforderung hinterlassen. Diese Überlastung zeigt sich beispielsweise in einer zunehmenden Erschöpfung und Niedergeschlagenheit, aber auch in psychosomatischen Symptomen wie Schlafstörungen, Kopfschmerzen oder Magenproblemen. Hinzu kommen Schuldgefühle, Versagensängste und häufig familiäre Konflikte oder Substanzmissbrauch. Erstmals beschrieb der Psychoanalytiker Herbert Freudenberger das Burnout-Syndrom 1973, nachdem er vor allem unter Ärzten und Pflegekräften eine große Zahl von Arbeitsausfällen und Krankschreibungen beobachtete – gerade auch unter den sehr Engagierten. Zunehmende Bekanntheit gewann das Burnout-Syndrom, nachdem sich auch Sportler und Musiker zu ihm bekannten.

Dopamin
Dopamin ist ein Neurotransmitter, der viel mit Glück zu tun hat. Dopamin reguliert zahlreiche lebenswichtige Prozesse im Körper mit – beispielsweise die Durchblutung der inneren Organe. Es beeinflusst aber auch die Motorik und den Antrieb. So hat ein Mangel eine geringe Motivation zur Folge. Dem Hormon wird auch eine wichtige Rolle bei

Suchterkrankungen zugeschrieben, weil ein Substanzmissbrauch die Ausschüttung unter anderem von Dopamin anregt. Der gestörte Dopaminspiegel ist auch für einen Teil der Entzugssymptome verantwortlich.

Endorphine

Endorphine sind an der Regulation zahlreicher Körperfunktionen beteiligt, von der Schmerzempfindung bis zu Blutdruck, Verdauung und Körpertemperatur. Endorphine können sozusagen wie körpereigene Rauschmittel wirken. Erstmals nachweisen konnten sie die Wissenschaftler John Hughes und Hans Kosterlitz im Jahr 1975 in einem Schweinehirn. Verletzungen, schwere körperliche Anstrengung, aber auch UV-Licht oder angenehme Ereignisse lösen die Ausschüttung der Endorphine aus. Rezeptoren für die Endorphine befinden sich beispielsweise in der grauen Substanz des Rückenmarks. Dort können sie den Schmerzreiz unterdrücken.

Flow

Flow (von engl. fließen, strömen) steht für das vollständige Aufgehen in einer Beschäftigung. Der Ansatz wurde von Mihaly Csikszentmihalyi beschrieben. Das Flowgefühl entsteht dann, wenn sich eine Tätigkeit in genau dem richtigen Maß von Anforderung und Erfüllbarkeit befindet, also ohne zu überfordern oder zu langweilen. Aus diesem Grund sind es auch verschiedene Tätigkeiten, die einen Flow auslösen können, und die auf verschiedene Personen völlig unterschiedlich wirken. Dieser Zustand ist an körperlichen Reaktionen messbar: Herzschlag, Atmung und Blutdruck sind optimal synchronisiert. Sorgen oder Gedanken um die eigene Person treten zurück und das Zeitgefühl schwindet. Im Flow verbinden sich Konzentration, Motivation und eine geeignete Umgebung zu einer produktiven Harmonie. Die Tätigkeit – im Idealfall eine, die nur um ihrer selbst willen praktiziert wird – geht wie von selbst von der Hand. Es handelt sich nicht um einen Dauerzustand, sondern um ein passageres Phänomen von wenigen Minuten bis zu höchstens einigen Stunden Dauer.

Hedonic Treadmill

Den Begriff der Hedonic Treadmill prägten Brickman und Campbell Anfang der 70er Jahre. Übersetzt steht er für hedonistische Tretmühle: Der Mensch arbeitet ständig daran, immer glücklicher zu werden und tritt – was das Glücksempfinden betrifft – doch stets auf der Stelle. Das entspricht dem Wohlstands-Paradox (s. u.). Die Annahme ist: Die Adaption, also die Gewöhnung, lässt sich unter keinen Umständen umgehen. Deshalb nimmt nichts dauerhaft positiven Einfluss auf das Glücksgefühl.

Hedonistische Adaption

Die hedonistische Adaptation ist der Grund, warum der Mensch sich in einer hedonistischen Tretmühle befindet (s. o.). Das subjektive Wohlbefinden verblasst, weil man sich an den Status quo sehr schnell gewöhnt. Dadurch steigen die Ansprüche ständig an und das Wohlbefinden verringert sich, bis neue Reize für kurzzeitige Befriedigung sorgen.

Heureka-Effekt

Der Heureka-Effekt (griechisch „heureka" = ich habs gefunden) tritt ein, wenn die richtige Lösung für ein komplexes Problem schlagartig erkannt wird und die Lösung „wie

Schuppen von den Augen fällt". Die Logik erschließt sich von einem Moment auf den anderen. Im Deutschen heißt dieses Erlebnis der perfekten Lösung auch nicht-wissenschaftlich Aha-Effekt. Er setzt ein positives, sogar euphorisches Gefühl frei.

Positive Psychologie

Bis zu dem Zeitpunkt, als sich in den 90er Jahren die Positive Psychologie als ein akademischer Zweig etablierte, standen in der Psychologie Konflikte und Störungen im Vordergrund. Die positive Psychologie bildet einen Gegenpol dazu. Sie fokussiert auf die Ursachen, die zum Gelingen zwischenmenschlicher Beziehungen und persönlicher Entwicklungen beitragen. Im Zentrum stehen die persönlichen Stärken eines Menschen statt seiner Schwächen und Probleme. Dem Begründer Martin E. P. Seligman ging es vielmehr um die Gesundherhaltung durch Förderung und Erkennen individueller Talente als um Therapie. Wichtige Aspekte sind dabei Optimismus, Glück, Selbstvertrauen, Zuneigung, Dankbarkeit und Zufriedenheit. Aber auch Charakterstärken wie Bescheidenheit, Geduld, Gelassenheit, Zuversicht, Humor, Menschlichkeit oder Selbstliebe werden als wesentliche Punkte wahrgenommen und sollen um einer psychischen Ausgeglichenheit willen gefördert werden.

Resilienz

Unter Resilienz (von lat. resilire: zurückspringen, abprallen) versteht man in der Psychologie die Eigenschaft, sich flexibel auf neue Anforderungen einzustellen. Selbst sehr anstrengende oder schwierige Lebensphasen werden so gut bewältigt. Früher stand der Begriff nur für Personen, meist

Kinder, die belastende Situationen seelisch unbeschadet überstanden haben, an denen andere zerbrochen wären. Schließlich wurde der Begriff der Resilienz jedoch ausgedehnt und nicht nur auf Personen, die Extremsituationen überstanden haben, bezogen, sondern prinzipiell auf Menschen, die über ein hohes Maß an psychischer Robustheit verfügen. Bestimmte Merkmale zeichnen resiliente Menschen aus. Zum einen nehmen sie ihr Leben aktiv selbst in die Hand, bleiben in ihrer Zielsetzung und Erwartungshaltung realistisch und verfügen über eine gute Selbsteinschätzung ihrer Talente und Möglichkeiten. Sie sind meist intelligent und pflegen ein soziales Netzwerk. Erstmals kam der Begriff in den 50er Jahren in der Psychologie durch Jack Block auf. Häufiger wird er jedoch im Zusammenhang mit Emmy E. Werner genannt, die eine Langzeitstudie mit Kindern aus sozial schwachen Familien auf Hawaii betreute. Die Ursachen für eine Resilienz sind nicht abschließend geklärt. Sowohl der familiäre Faktor als auch die genetische Komponente werden diskutiert.

Serotonin

Serotonin ist ein Botenstoff, der im Gehirn, aber auch im Blut und im Darm vorkommt. Serotonin ist an der Regulation von Stimmung, Ausgeglichenheit, Schlafrhythmus, Körpertemperatur und sexuellen Funktionen beteiligt. Der Serotoninspiegel verändert sich in Stresssituationen. Dies begünstigt möglicherweise schnelle, unreflektierte Entscheidungen, die lebensrettend sein können.

Sensation seeking behaviour

Der Ansatz des „Sensation seeking behaviour", also die Suche nach stimulierenden Reizen, geht auf einen Ansatz des

Psychologen Marvin Zuckerman aus den 70er Jahren zurück. Er definiert „Sensation seeking" als „eine Verhaltensdisposition, die gekennzeichnet ist durch das Bedürfnis nach abwechslungsreichen, neuen, komplexen Eindrücken und Erfahrungen und der dazugehörigen Bereitschaft, physische und soziale Risiken in Kauf zu nehmen." Er betrachtet dieses Verhalten als ein Persönlichkeitsmerkmal, für das zu 50 bis 60 Prozent eine genetische Prädisposition verantwortlich ist, was allerdings umstritten ist. Die genetische Variable bedeutet lediglich, dass manche Menschen die Anlage für ein solches Verhalten in sich tragen, nicht aber, dass sich diese tatsächlich entfaltet. Es wird unterschieden in „High" und „Low sensation seeker". Letztere haben eine geringe Tendenz, sich Reize durch gewagte oder gefährliche Aktionen zu suchen. Das „Sensation seeking behaviour" ist durch fünf Punkte gekennzeichnet: Zum einen das „Thrill- and Adventure-Seeking", also die Suche nach ungewöhnlichen Reizen durch körperliche Aktivität und Abenteuer (Bsp.: Freeclimbing). Zum anderen durch das „Experience-Seeking", die Suche nach neuen Erfahrungen, die sich beispielsweise in Fernweh äußern kann. Darüber hinaus spielt die „disinhibition", die Enthemmung, eine große Rolle. Sie hat eine starke soziale Komponente (ungewöhnliche Freunde, wechselnde Sexualpartner, gekoppelt mit Alkohol oder Drogen). Als fünfter Punkt schließt sich eine besondere Empfänglichkeit für Langeweile an. „Boredom susceptibility" tritt ein bei Routine oder Stillstand.

Set-point-Theorie

Gene und Umwelt bestimmen das individuelle Glücksvermögen, das sich um einen recht konstanten Wert, den „set-point", einpendelt. Ereignisse können das subjektive Empfinden einmal verbessern, einmal verschlechtern, aber über kurz oder lang kehrt es immer wieder auf ein angeborenes Niveau, den „Set point", zurück.

Unzufriedenheitsdilemma
siehe Zufriedenheitsparadox.

Verstärkung, negativ oder positiv
Eine Verstärkung steht in der Psychologie für ein Ereignis, das die Wahrscheinlichkeit erhöht, dass sich ein bestimmtes Verhalten einstellt. Positiv ist eine Verstärkung dann, wenn ein positiver Reiz eintritt (Bsp.: Laborratte betätigt einen Hebel und erhält dadurch besondere Leckereien). Negativ ist eine Verstärkung dann, wenn ein unangenehmer Reiz entfernt wird – zum Beispiel Schmerz.

Wohlstandsparadox
Das Wohlstandsparadox steht dafür, dass mit zunehmendem Wohlstand nicht im gleichen Maß auch die Zufriedenheit zunimmt. Besonders gut deutlich wird das Wohlstandsparadox an Lottogewinnern. Nach einer turbulenten Anfangsphase pendelt sich ihr Glücksniveau wieder auf dem Ausgangslevel ein, den der jeweilige Mensch schon vor dem Gewinn hatte. Eine wichtige Rolle spielt dabei auch eine Veränderung der Vergleichsgruppe. Mit wachsendem Wohlstand richtet sich der Vergleich „nach oben" an noch Wohlhabenderen aus.

Zufriedenheitsparadox
Das Zufriedenheitsparadox steht für die auf den ersten Blick widersprüchliche Verbindung von objektiv schlechten Lebensumständen und subjektiv positiver Einschät-

zung. In einem Zustand des Unglücks und der Unzufriedenheit erfolgt eine „resignative Anpassung" mit allerdings reduzierter Erwartung, durch die eine anhaltende schlimmere Enttäuschtheit oder lähmende Verzweiflung verhindert wird.

Literatur – eine Auswahl

Stefan Klein: Die Glücksformel – oder wie die guten Gefühle entstehen. Hamburg (2003): Rowohlt.

Wolf Schneider: Glück! Eine etwas andere Gebrauchsanleitung. Hamburg (2007): Rowohlt.

Martin E. P. Seligman: Der Glücks-Faktor. Warum Optimisten länger leben. Bergisch Gladbach (2005): Bastei Lübbe.

Sascha Michel (Hrsg.): Glück. Ein philosophischer Streifzug. Frankfurt am Main (2007): Fischer.

Timo Hoyer (Hrsg.): Vom Glück und glücklichen Leben. Sozial- und geisteswissenschaftliche Zugänge. Göttingen: Vandenhoeck & Ruprecht.

Sabine Meck: Vom guten Leben. Eine Geschichte des Glücks. Darmstadt (2003): Primus.

Desmond Morris: The Nature of Happiness. London: Little Books.

Viktor E. Frankl: Das Leiden am sinnlosen Leben. Psychotherapie für heute. Freiburg (2000): Herder.

Richard Layard: Happiness. Lessons from a New Science. London (2005): Penguin Books.

Mihalyi Csikszentmihalyi: Flow. Das Geheimnis des Glücks. Stuttgart (2001): Klett-Cotta.

Daniel Gilbert: Stumbling on Happiness. New York (2005):
Random House.

Francois Lelord: Hectors Reise oder die Suche nach dem
Glück. München (2004): Piper.

Wilhelm Schmid: Glück. Alles, was Sie darüber wissen
müssen, und warum es nicht das Wichtigste im Leben ist.
Frankfurt am Main (2007): Insel.